国学百科

史地撷英

总主编 韩品玉
本书编著 林荣 邵林喜 时双双

山东城市出版传媒集团·济南出版社

图书在版编目（CIP）数据

史地撷英 / 韩品玉主编. —济南：济南出版社，2021.5

（国学百科）

ISBN 978-7-5488-4686-4

Ⅰ.①史… Ⅱ.①韩… Ⅲ.①中国历史 ②历史地理—中国 Ⅳ.①K20 ②K928.6

中国版本图书馆CIP数据核字（2021）第092483号

出 版 人	崔 刚
丛书策划	冀瑞雪
责任编辑	冀瑞雪　张子涵
装帧设计	侯文英　谭 正

出版发行	济南出版社
地　　址	山东省济南市二环南路1号（250002）
编辑热线	0531-86131747（编辑室）
发行热线	82709072　86131701　86131729　82924885（发行部）
印　　刷	山东新华印刷厂潍坊厂
版　　次	2021年6月第1版
印　　次	2021年6月第1次印刷
成品尺寸	150 mm×230 mm / 16开
印　　张	9.75
字　　数	141千
印　　数	1—5000册
定　　价	43.00元

（济南版图书，如有印装错误，请与出版社联系调换。联系电话：0531-86131736）

编 委 会

总 主 编 韩品玉
副 主 编 徐文军　刘法礼　尹德菊　郑召波
本书编著 林　荣　邵林喜　时双双
编　　委（按姓氏笔画排序）
　　　　　　于　慧　马玮楠　王　静　王文君　尹德菊
　　　　　　史晓丽　庄　琪　刘法礼　刘静怡　孙金光
　　　　　　时双双　张　洁　张婉清　邵林喜　林　荣
　　　　　　郑召波　赵　岩　赵　洋　赵英兰　赵宝霞
　　　　　　徐文军　徐丽慧　宿光辉　韩品玉　董俊焱
　　　　　　韩　潇　翟荣惠

学术委员会主任　王恒展　徐文军

总　序

　　中华优秀传统文化是民族智慧的结晶,其价值历时而不衰,经久而弥新。对处于学习、成长关键期的青少年来说,优秀的传统文化不仅可以帮助他们汲取知识、开启智慧,而且能提升他们的核心素养,促其全面、健康地成长。因此,加强中小学阶段的优秀传统文化教育,是当前我国教育事业的重要任务。

　　这项任务的重要性和紧迫性,鲜明地体现在中小学的教学工作中。随着部编本中小学教材在全国的铺开,传统文化内容的比重大幅度提升。面对传统文化内容的激增,许多教师、学生和家长颇感迷茫,不知如何应对。正是在这一形势之下,《国学百科》适时推出。

　　这套书包括九册:《儒家先哲》《诸子学说》《文学殿堂》《艺术之林》《科技制作》《史地撷英》《人生仪礼》《岁时节令》《衣食文化》。其使用对象,主要是中小学生。

一、本书的特点

——教材内容的关联性

　　众所周知,传统文化体系庞大、内容繁杂。《国学百科》该怎么选取编纂的基点呢?编写组对全日制中小学教材所涉传统文化内容进行了周详的研判,确定了一项基本编纂原则:丛书所涉知识点要与中小学相关课程有关联。这里所说的"知识点",体现在丛书各册林林总总的条目上。这些知识点是对教材既有知识的一种打通；难度呢，定位于与教材相当或稍高。如此，便形成了以相应学段和年级的课本内容为中心，渐次向外辐射的知识分布格局。

——学科覆盖的全面性

通观本丛书各册书名，有的明显对应某门课程，如《文学殿堂》对应语文，《史地撷英》对应历史、地理，《艺术之林》对应艺术课。还有些书目，表面上看来与现有课程并不挂钩，实际上关系非常密切。《儒家先哲》《诸子学说》分别从人物和学说的角度切入传统文化的内核，《人生仪礼》正面呈现传统文化"礼"的重要内容，《科技制作》《岁时节令》《衣食文化》分别从传统科技、节日和衣食的维度来讲述传统文化的某一侧面。总体而言，这套书由中小学课程涉及的知识点生发开来，基本形成了全面、完整的传统文化知识体系。

——科学健康的引导性

对中华优秀传统文化的学习，不应只停留在知识的层面，而应通过学习，将知识转化为内在的修养和外在的行动，转化为正确看待问题、解决问题的能力，实现个人的健康成长和全面发展。本丛书以此为理念，在编写中融入科学精神和人文情怀，以潜移默化地引导青少年读者。如翻开《儒家先哲》一书，我们可以看到，古代那些伟大的圣贤，往往不是崇尚空谈的理论派，而是"知行合一""经世致用"的实干家。他们身上所体现的科学精神、创新精神、实干精神，对于提升中小学生的核心素养，引导其健康成长、全面发展，具有积极的作用。

二、本书的价值

——助力获取各门课程的传统文化知识

如前所讲，中小学德育、语文、历史、艺术等课程都大幅增加了传统文化的内容。使用此书，便可帮助学生扫除相关学科的学习障碍。比如学习语文课时，配合使用《文学殿堂》一书，无论寻找人物生平还是查阅作品概览，都极为便利。将课上所学知识与本丛书所讲知识相互印证，还可帮助学生触类旁通。比如学生在学习外语课时遇到了"父亲节"的知识，翻开《岁时节令》一读，也许会惊奇发现，因它可能会颠覆学生对"父亲节"只在西方的认知，使他们了解到中国曾有自己的"父亲节"。

——利于形成全面的传统文化知识体系

如今的中小学教育，除在各门课程中增加传统文化的比重外，还设置了专门的传统文化课程。这些课程的教材有的侧重于经典诵读，有的分述某一传统文化类型。我们认为除此之外，还应引导学生建立全面的传统文化知识体系。这有助于培养他们认识、理解传统文化的宏观视野。这套涉及传统文化方方面面的《国学百科》，便可作为现有传统文化教材的补充，为中小学生全面、系统地学习传统文化搭建一个台阶。

——积极引导青少年读者的全面发展

学习此书，可突破应考的瓶颈，从为人生打底子的高度，助力读者在获取知识的同时，走上全面、健康的成长之路。《儒家先哲》《诸子学说》中圣贤的伟大人格、动人事迹和高深智慧，将对青少年的品德修养和能力培养产生积极的影响。《科技制作》在普及我国古代科学知识的同时，将创新精神和工匠精神贯穿其中。《人生仪礼》在对人生重要仪礼的介绍中，渗透对生命和亲情的赞美，以此来引导青少年树立正确的世界观、人生观、价值观；全书坚持以现代科学的眼光，辩证地讲解传统仪礼和习俗，以培养青少年的辩证思维能力。《文学殿堂》《艺术之林》有助于青少年感受真善美，培养审美能力。《史地撷英》《岁时节令》《衣食文化》通过对祖国历史、地理、传统节日和传统衣食相关知识的讲解，激发青少年的民族自豪感、国家荣誉感和文化归属感。

　　《国学百科》可丰富传统文化知识，全面提升人文素养，一旦开卷，终身有益！

韩品玉

2020年冬月于泉城吟月斋

目录

前　言 /7

一　时代变迁
1. 原始社会 /9
2. 奴隶社会 /11
3. 封建社会 /15

二　帝王风流
1. 远古始祖三皇五帝 /40
2. 治水有功大禹 /41
3. 灭夏建国商汤 /44
4. 伐纣立国武王 /45
5. 史册永载秦始皇 /47
6. 雄才大略汉武帝 /49
7. 褒贬不一隋炀帝 /51
8. 虚心纳谏唐太宗 /52
9. 一代女皇武则天 /54
10. 毁誉参半唐玄宗 /56
11. 黄袍加身宋太祖 /58
12. 一代天骄成吉思汗 /60
13. 首创行省元世祖 /62
14. 加强君权明太祖 /63
15. 迁都北京明成祖 /65
16. 盛世大帝康熙帝 /66
17. 承上启下雍正帝 /68
18. 康乾盛世在乾隆 /70

三　制度之窗
1. 禅让制 /73
2. 世袭制 /73
3. 宗法制 /74
4. 分封制（分土封侯制）/75
5. 郡县制 /76
6. 专制主义中央集权制度 /77
7. 九品中正制 /78
8. 三省六部制 /78
9. 科举制 /79
10. 行省制 /80

四　历史故事
1. 姜太公钓鱼 /82
2. 周公吐哺 /84
3. "国人暴动" /85
4. 烽火戏诸侯 /86
5. 尊王攘夷 /88

6. 退避三舍 / 89
7. 卧薪尝胆 / 90
8. 纸上谈兵 / 92
9. 立木为信 / 93
10. 破釜沉舟 / 94
11. 约法三章 / 94
12. 鸿门宴 / 96
13. 四面楚歌 / 98
14. 张骞通西域 / 98
15. 苏武牧羊 / 101
16. 昭君出塞 / 103
17. 火烧曹营 / 104
18. 八王之乱 / 105
19. 玄武门之变 / 106
20. 和同为一家 / 109
21. 鉴真东渡 / 111
22. 玄奘西游 / 112
23. 安史之乱 / 114
24. 岳飞抗金 / 115
25. 戚继光抗倭 / 117
26. 郑和下西洋 / 119
27. 郑成功收复台湾 / 121
28. 金瓶掣签 / 122

五　地理文献

1. 《山海经》 / 124
2. 《尚书·禹贡》 / 125
3. 《汉书·地理志》 / 126
4. 《水经注》 / 127
5. 《华阳国志》 / 129
6. 《洛阳伽蓝记》 / 129
7. 《括地志》 / 130
8. 《梦溪笔谈》 / 131
9. 《徐霞客游记》 / 132
10. 《海国图志》 / 133

六　区域文化

1. 中原文化 / 135
2. 齐鲁文化 / 136
3. 荆楚文化 / 137
4. 巴蜀文化 / 138
5. 吴越文化 / 139
6. 岭南文化 / 139
7. 闽台文化 / 141

七　华夏发明

1. 制图六体 / 142
2. 世界上最早的子午线实测 / 143
3. 四大发明 / 143
4. 六大古都 / 145
5. 古代计时工具日晷 / 148
6. 地震仪（候风地动仪） / 149
7. 珠算 / 150

前　言

《史地撷英》由中国历史和地理两部分内容组成。

历史部分包括"时代变迁""帝王风流""制度之窗""历史故事"四个板块。

"时代变迁"会帮你勾勒出中国历史沿革的线条。

"帝王风流"会助你明白成吉思汗和他的子孙怎样弯弓射出一个庞大的帝国。

"制度之窗"会使你感慨：在原始社会后期我们的老祖宗就开始实行如此民主的政治制度！

"历史故事"会让你看到既陌生又熟悉的人物和事件。

地理部分包括"地理文献""区域文化""华夏发明"三个板块，主要讲述自古及今的地理，虽然篇幅较小，但难掩其魅力。

《史地撷英》这部书，读者对象主要是中小学生。如果你正在读小学，阅读它，会让你眼界大开；如果你是中学生，亲近它，会让你温故而知新，借力凭好风。

开卷自有益！

《史地撷英》编著者
2021年3月

一　时代变迁

1. 原始社会

原始社会是人类历史上第一种社会形态，离今天好远好远。历史学家将原始社会分为两个时期：原始人群时期和氏族公社时期。

北京人是原始人群时期的典型代表，他们生活在距今70万年至20万年以前。

原始人群，顾名思义就是一群人生活在一起，往往有几十个人，他们共同劳动，共同分享劳动果实。那时候的人们使用的工具很原始，就是用树枝砍成的木棒，或将石块敲打制成粗糙的石器。由于工具太简陋粗糙，人们做不成衣服，所以就不穿衣服，男女之间也不知道害羞。那时候的人们会使用天然火，还能管理火种！现在会使用火没什么可惊讶的，但那时候很了不起！你猜猜，他们是怎样得到火种的？有了火，人们的生产、生活会有怎样的改善？

山顶洞人是氏族公社时期的典型代表，他们生活在距今约三万年前。

氏族公社是以血缘关系为纽带，由共同的祖先繁衍的几十个人居住在一起的群体，分为母系氏族公社和父系氏族公社两个阶段。

北京人头部复原像　　　山顶洞人头部复原像

母系氏族公社的氏族成员都是由一位女性繁衍而来，氏族成员有一个共同的母亲，但有着不同的父亲。这位女性在氏族中的地位最高，是大家长，大事都由她说了算。

父系氏族公社的氏族成员都是由一位男性繁衍而来。与母系氏族公社正好相反，氏族成员有一个共同的父亲，但有着不同的母亲。这位男性就成了氏族中地位最高的人。那是什么因素决定了女性或男性在氏族中的地位呢？

到了氏族公社的时候，人们会把粗糙的石器进行加工，特别是掌握了磨光和钻孔技术。

山顶洞人磨制的骨针和装饰品

有了磨光和钻孔技术，人们就能制成简单的树叶衣服和兽皮衣服。这不仅遮挡了羞部，而且保暖。人们知羞了，也爱美了！另外，这一时期人们最大的进步是学会人工取火。

此外，在氏族公社时期，人们不再像原始人群那样，住在山洞里头，而是住在自己建造的房屋中，过着定居的生活！他们居住的房屋主要有两类，即半地穴式房屋和干栏式房屋。

半地穴式房屋（图一） 　　干栏式房屋（图二）

半地穴式房屋，冬暖夏凉；干栏式房屋，隔潮防淹。这两种房子分别是北方和南方居室的代表，是根据南北方不同的气候建造的。

你可能会问，原始社会离我们那么久远，我们是怎么知道他们的上述情况的？这要归功于考古学家。考古学家是根据古人类遗址分析出来的。告诉你吧，我们国家是世界上发现古人类遗址最多的国家，东西南北，分布很广，著名的人类遗址除了上述的北京人遗址、山顶洞人遗址，还有云南的元谋人遗址、浙江余姚的河姆渡人遗址、陕西西安的半坡遗址、山东泰安的大汶口遗址、贵州开阳打耳窝崖厦古人类文化遗址等。如果有机会，你不妨到这些地方去看看。

2. 奴隶社会

中国是世界四大文明古国之一（其他三个是古埃及、古巴比伦、古印度），有着悠久的历史，中国文明最晚要追溯到五千年前的奴隶社会。一般认为，我国的奴隶社会时期从前2070年夏朝建立开始，至前476年春秋时期结束。

人类是怎样由原始社会进入奴隶社会的呢？原始社会后期，随着生产力（主要指生产工具）的发展，产品有了剩余，私有制也就出现了，有私有财产的人就成了剥削阶级，没有私有财产的人就成了被剥削阶级。在人类社会中，若大多数物质生产领域的劳动者是奴隶，这样的社会就叫作奴隶社会。

我国的奴隶社会包括夏、商、西周三个朝代和春秋一个时期。

夏 朝

夏朝是奴隶社会的形成时期。其建立者是大禹。

大禹具有部落联盟首领和奴隶制国家国王的双重身份，曾经以善于治水而

大禹像

闻名于原始社会末期。夏朝的第二代国王是禹的儿子启。启作为夏朝的第二代国王，其继位具有划时代的意义，因为他所继承的是其父亲的王位。从此，"公天下"就变成了"家天下"，禅让制被世袭制取代。夏朝最后一个国王叫桀，是历史上有名的暴君，其暴政统治使夏朝历经四百多年而亡，因此他又是个亡国之君。

在文化方面，夏朝时人们就会观测天象了。更可贵的是，他们还观测到了一次日食。但那时候，科学不发达，不能对这种自然现象做出合理的解释，所以，当时的人们害怕极了。夏朝还有了历法，我们今天用的阴历（也叫农历），就是夏历。

商　朝

夏朝之后是商朝，因迁都至殷地，又名殷朝。这是奴隶社会的发展时期。在商朝的历史中，有三个国君起着重要的作用。

开国之君——商汤

汤是个识才之君，任用仲虺（huī）和伊尹二人为左右相，二人被委以灭夏的重任。仲虺和伊尹全力协助汤，俘获了桀，灭了夏，又协助汤建立商王朝。

中兴之君——盘庚

商汤建立商朝的时候，都城在亳（音bó，今河南商丘）。在以后三百年当中，商朝五次迁都。频繁迁都，主要是因为王族内部经常争夺王位，发生内乱；再就是黄河下游常常闹水灾。有一次发大水，把都城淹了，商朝因此不得不迁都。国君盘庚决心再一次迁都到殷。盘庚积极整顿政治，使衰落的商朝出现了复兴的大好局面，以后二百多年，商朝一直没有迁都。所以商朝又称作殷商，或者殷朝。

亡国之君——商纣

商纣是历史上有名的大暴君，与夏桀齐名，合称"桀纣"。商纣兴建酒池肉林（水池里装满酒，在里面划船游玩；在树林里的每棵树上挂上肉，用于射击）；发明炮烙之刑（把人绑在烧红的铜柱上烫死，或者把铜柱放在熊熊燃烧的炭火上，强迫受刑的人在上面行走，受刑的人站立不住，必然掉入大火中，最后烧死）；还挖比干的心。

周武王时期,商周在牧野大战,商朝战败,商纣被迫在鹿台自焚而死,商朝灭亡。

商朝是一个物质文明较为发达的历史时期。尤其是商朝的青铜器,在历史上最为灿烂,如后母戊方鼎和四羊方尊。

后母戊方鼎　　　　　四羊方尊

商朝的制瓷业在当时世界上也最发达,使我国成为世界上最早发明瓷器的国家;商朝时就有了文字——甲骨文。甲骨文是我国有文字可考历史的开始。

你看下边的甲骨文是不是很有意思。

鼠　牛　虎　兔　龙　蛇

马　羊　猴　鸡　狗　猪

甲骨文

西　周

西周是我国奴隶社会的第三个王朝,西周统治时期,我国的奴隶社会达到鼎盛,国土空前辽阔。

与西周的兴亡有重要关系的国君有:为西周的建立打下了坚实基础的周文王;牧野之战灭商建周的周武王;暴虐无道导致国人暴动被人们从宫中赶走的周厉王;烽火戏诸侯致使国家灭亡的周幽王。

在周公旦辅佐时期,周消灭各方叛乱势力;而后迁都至东方,加大了对东方诸部的统治力度;大力分封周室亲戚及有功大臣为诸侯。通过一系列的政治措施,经过三四代的发展,西周政治、经济、文化空前繁荣,达到了周朝的鼎盛时期。

国人暴动赶走周厉王后,诸侯推举共伯和摄政。后来,周厉王在逃亡中死去,共伯和无意于权位,而是立太子静继位,即周宣王。宣王独具慧眼,以周公、召公二相为左右臂,这就是历史上有名的"周召共和"(这一年被称为"共和元年",这是中国有准确纪年的开始)。不久西周就出现了"宣王中兴"的局面。可是,好景不长,宣王薨,幽王上台,拿国家大事当儿戏,为让褒姒一笑,竟然"烽火戏诸侯",不久西周灭亡。

西周创立了对我国历史发展有重大影响的政治制度,如分封制和宗法制。

周公旦像　　　　青铜器上的金文

西周的文化也很发达。当时的人们会把文字铸刻在青铜器上,这种文字就是"金文",又叫"铭文"。

西周对天象的观测比夏、商两朝更精准。比如,我国历史上西周第一次记录了日食的日期是前776年9月6日。另外,西周还记录过"天再旦"(就是天亮了两次,即发生在早晨的日全食)的现象,时间是前899年。

我们的老祖宗在天文方面那么早就走在了世界的前列!

春 秋

东周分为春秋和战国两个时期,是我国历史发展的特殊时期。春秋(前770—前476),是东周的前期,因孔子修订《春秋》而得名。

春秋时期有"五霸",即齐桓公、晋文公、宋襄公、秦穆公、楚庄王。

"春秋五霸"是先后出现的,他们主要是争"家长权",做天下第一,其他诸侯国可以生存,只要恭维我,认可我是老大就行。

3. 封建社会

我国封建社会从前475年战国开始至1840年鸦片战争结束,经历了以下时期和主要朝代。

战 国

战国(前475—前221),是东周的后期,因诸侯国连年相互征战而得名。

战国时期有"七雄",即齐、楚、燕、韩、赵、魏、秦。

"战国七雄"是同时并存的七个国家,任何一个诸侯国都想称雄天下,统一全国。但由于大家实力相当,只能同时并存。

春秋时期是我国奴隶社会的末期,而战国时期则是我国封建社会的开端。但春秋战国作为一个特殊的历史时期,有这样几个共同特点。

春秋战国时期是一个诸侯割据、战争频发的时期。大国与小国打,小国与小国打,大国与大国打,恰似大鱼吃小鱼、小鱼吃小虾,打得天昏地暗。打仗成为家常便饭。如晋楚之间的城濮之战、魏赵之间的桂陵之战、魏齐之间的马陵之战、秦赵之间的长平之战,都发生在这个特殊的历史时期,也是这个时期著名的战例。

春秋战国时期,思想活跃,百家争鸣。从思想发展史看,春秋战国是中国学术文化思想最活跃、最开放的时期。孔子和老子就是这个时期的典型代表。与此同时,随着社会的急剧变化,诸多问题接踵而至,各学派纷纷著书立说,提出各自主张并发起辩论。这样,在思想领域里就出现了一个后世十分少见的"百家争鸣"的局面。诸子百家主要有儒家、道家、墨家、法家、兵家等,孔子与孟子、庄子、墨子、韩非子、孙子等分别是各家杰出的代表。各家的文化思想奠定了整个封建时代思想文化的基础,在中国古代文化史上占有极其重要的地位。

春秋战国时期是大变革的时期。这时期,铁器开始使用,特别是铁农具广泛应用于生产,青铜器时代向铁器时代迈进;各国为了适应时代潮流,纷纷变法改革,从奴隶社会向封建社会过渡;由于战争的需要,车战时代向步骑兵时代变革;诸侯国之间根据自己的实力和理想,从春秋时期的"一极化"向战国时期的"多极化"发展。

乱世出英雄。春秋战国时期,诸侯国都竭尽全力富国强兵,重用人才,所以人才济济。如善于改革的商鞅、李悝、吴起,善于舌辩的苏秦和张仪,名相晏婴、管仲、蔺相如,军事人才孙膑、廉颇、白起。他们各展才华,使春秋战国的历史五彩斑斓。

秦　朝

如果用一句话来概括秦朝,那就是短命但强大。

说它短命,是说秦朝从前221年统一全国到前206年灭亡为止,自秦始皇嬴政到秦二世胡亥,再到秦三世子婴,帝位世袭三代,仅存15年。说它强大,是因为秦朝幅员辽阔,西到陇西,东到东海,北抵长城一带,南达南海,是当时世界上的大国。说它强大,还因为秦朝颁布的许多措施对我国历史影响深远，而这主要归功于秦始皇。

秦始皇13岁做秦王，22岁除掉吕不韦，39岁时结束了春秋战国五百年以来分裂割据的局面，我国历史上第一个统一的多民族的封建国家自此建立。大诗人李白有诗赞美秦始皇："秦王扫六合，虎视何雄哉！挥剑决浮云，诸侯尽西来。"秦始皇从39岁统一全国到49岁去世的10年间，干了许多大事。

为了加强封建统治，秦始皇还建立了专制主义中央集权制度。

他统一货币，规定全国统一使用圆形方孔铜钱，促进了各民族各地区的经济交流。他还统一文字，将简化字体小篆作为通用标准字体，在全国范围内使用，促进了全国的文化交流。

为了加强思想控制，秦始皇接受李斯的建议，规定除记载秦国的历史的书籍外，焚烧一切史书；民间所藏书籍，除医药、卜筮、种树方面的书籍以外，《诗》《书》及百家等皆被焚毁；再谈论《诗》《书》者，砍头论处；以古非今的人则遭满门抄斩。秦始皇的所作所为遭到了一些方士、儒生的背地议论，秦始皇就下令追查、搜捕并活埋对朝廷有怨言的儒生。这两件事，历史上叫作"焚书坑儒"。

北伐匈奴，修长城；南平百越，修灵渠。为了满足自己的穷奢极欲并安排身后归宿，他征用数百万民工，大规模修筑宫殿和陵墓，如修建阿房宫、骊山陵。他制定的刑罚特别残酷。一人犯罪，杀全家，这叫族诛；一家犯罪，杀全村，这叫连坐。在他的严刑苛法统治下，全国怨声载道。

前210年，秦始皇在巡游途中突然病死。太子扶苏被丞相赵高与李斯合谋杀害，其弟胡亥继位，即秦二世。秦二世昏庸无能，放任赵高指鹿为马，排除异己，

焚书坑儒图

其暴政统治比秦始皇有过之而无不及。

前209年，终于爆发了陈胜、吴广领导的农民大起义。赵高先是构陷谋害了李斯，后又杀了秦二世，迎立子婴为皇帝。前207年，巨鹿一战，项羽大破秦军，秦军主力受重创。前206年，刘邦入关，至咸阳城外坝上，子婴出城投降，秦亡。

秦朝虽然是历史上最短命的王朝，但秦始皇的所作所为对后世产生了极其深远的影响。

秦时所建专制主义中央集权制度，被后世的历代王朝加以继承并不断完善；其所建皇帝制度，影响我国两千多年；丞相制度，一直使用到明朝；郡县制度，影响至今；修建的万里长城，至今仍是世界建筑史上的奇迹；焚书坑儒，造成的负面影响很恶劣；统一货币、度量衡，影响至今；统一的文字，奠定了我国以后文字发展的基础。

西　汉

西汉（前202—8）共210年的历史，是我国封建社会历史上统一强盛的帝国。汉高祖、汉文帝、汉景帝、汉武帝是西汉历史发展的关键人物。

秦朝灭亡后，项羽、刘邦为争夺帝位，进行了四年的战争，历史上称为"楚汉战争"（楚汉之争、楚汉争霸）。前202年，刘邦击败项羽后称帝，国号汉，定都长安。刘邦就是汉高祖。他在位七年间，为了加强对全国的统治，实行了分封制，把同姓子弟和异姓功臣分封到各地做诸侯。后来为了保住刘家的基业，他又陆续削弱异姓王侯势力，先后剥夺韩信、英布、彭越等大将的兵权与封号，加大中央集权统治力度。

前183年，刘恒即位，即汉文帝，他与汉景帝（汉文帝之子，前156—前143在位）刘启继续沿用汉高祖所定"与民休息"的方针政策，减轻人民赋税压力，汉朝的经济得以迅速发展：国家的粮仓囤满，新谷子压着旧谷子，铜钱多得无法计算，人民安居乐业，综合国力大幅提高，史家将这一阶段称为"文景之治"。经过"文景之治"，汉朝的综合国力逐渐强大。

前141年，汉景帝卒，其子刘彻称帝，即汉武帝。刘彻是我国历史上有名的皇帝之一，他在位期间，西汉开始进入鼎盛时期。在主父偃的建议下，他颁布法令允许各诸侯王分割封地给各自子弟，建立较小的侯国。从此诸侯国的领地越来越小，势力越来越弱。汉武帝还找各种借口，一次就削去了当时半数的侯国。这样诸侯国再也没有势力对抗中央，从根本上解决了困扰国家已久的诸侯国问题，从政治上加强了中央集权。为了改变思想混乱状态，汉武帝接受董仲舒的建议，"罢黜百家，独尊儒术"，排斥其他学说，将儒家学说作为封建正统思想。为了宣传巩固儒家学说，汉武帝又在长安设立太学，专门学习儒家的"五经"，并从思想上加强了中央集权。另外，在军事、经济、民族关系、对外关系等方面汉武帝都采取了相应的措施，使国家全面实现了大一统，出现了我国封建社会历史上的第一个盛世局面。

汉武帝以后，国力开始衰微。至刘婴即位，朝廷大权已完全流入外戚王莽之手。8年，王莽篡位，改国号为"新"。至此，西汉王朝的统治时代宣告终结。

总体来说，在前期几代皇帝的政治经济改革发展之下，西汉迎来了国力繁荣强盛、人民安居乐业的太平盛世景象。在这个发展时期内，中国一直以世界强国的姿态屹立于世界之林。

东　汉

25年，王莽的新王朝被刘秀推翻，刘秀得以建立新政权——东汉王朝（25—220）。他身为西汉皇族，所以仍定国号为"汉"，建都洛阳，史家称此汉朝为"东汉"。

东汉的前期，其发展有西汉的

光武帝刘秀

风采。为安定社会，朝廷屡屡颁布法令，惩罚贪官污吏，减轻人民赋役负担，社会各方面都有所好转。经过光武帝、明帝、章帝三代的大力治理，东汉王朝已渐具西汉曾经的强盛之态，这一时期被后人称之为"光武中兴"。

东汉中期以后，外戚（指帝王的母族、妻族）和宦官（被阉割后失去性能力而专供皇帝、君主及其家族役使的官员）交替专权，是东汉政治的一个重要特点，其政治非常黑暗。

举个例子。梁冀是外戚，他是一个十分骄横的家伙，胡作非为，公开勒索，完全不把皇帝放在眼里。他把持朝政30年，立过三个皇帝。

梁冀外戚集团灭亡后，宦官又专权擅政。他们也像外戚一样排除异己，陷害忠良，残害百姓。宦官徐璜的侄子看上了李家的女儿，遭到拒绝后，竟然率官吏闯入李家，抢走此女子，像做游戏一样把李家女子杀害。

此时，从地方到中央的各级官职被宦官们的亲属及其党羽所占据，读书人的仕进之路因此堵塞，朝政日趋黑暗。当时人们称"寒素清白浊如泥，高第良将怯如鸡"。

东汉末年，经过农民起义的打击后，东汉王朝的统治土崩瓦解、名存实亡，各地军阀纷纷拥兵自重，割据一方。袁绍、公孙瓒、曹操、董卓、孙策、孙权、刘表、刘璋、刘备、马腾、韩遂、张鲁等18路诸侯为了争夺地盘，互相征讨，驰骋中原，其形势堪与春秋战国时期比肩。一方面，战争频仍，如曹操与袁绍之间的官渡之战、曹操与孙刘之间的赤壁之战；另一方面，佳话连出，三顾茅庐、许攸献策、火烧赤壁、草船借箭等脍炙人口的故事都发生在这一时期。后来曹操死，其子曹丕篡汉自立，废了汉献帝，建立了魏国，历史进入了三国并立的时期。

三 国

三国时期是我国历史上比较著名的一段时期，从孙权建吴

（222年）开始，到西晋灭吴（280年）为止，共经历了58年的时间。这时期魏国、蜀国和吴国三国鼎立，故而称为"三国时期"。我国四大古典名著之一的《三国演义》，就是以这一段历史为背景写成的。

三国的历史可分为三国的开始、三国的发展、三国的结束三个阶段。

三国的开始与东汉末年的历史是分不开的。那时候，全国各地出现了很多割据一方的军阀，他们彼此厮杀，长期混战，人口集中的黄河中下游甚至出现了百里无人烟的惨景。曹操《蒿里行》说："关东有义士，兴兵讨群凶。初期会盟津，乃心在咸阳。军合力不齐，踌躇而雁行。势利使人争，嗣还自相戕。淮南弟称号，刻玺于北方。铠甲生虮虱，万姓以死亡。白骨露于野，千里无鸡鸣。生民百遗一，念之断人肠。"这首诗亦诗亦史，描写了战争带给人民的深重灾难。官渡之战和赤壁之战是东汉末年著名的以少胜多的战例，分别奠定了曹操统一北方和三国鼎立的基础。特别是经过赤壁之战的较量，曹操退守黄河流域；孙权在长江中下游的势力基本巩固；刘备在西南地区占有一定的地盘。三方都打得精疲力竭，无力征讨对方，开始考虑建国问题。220年，曹丕废掉汉献帝，自称皇帝，定国号为魏，定都洛阳。221年，刘备在成都称帝，国号汉，亦称蜀。222年，孙权在建业（今南京）称王，建国号吴。这样，三国鼎立的局面正式形成。

魏、蜀、吴三国相继建立后，考虑到长期战争给各国经济带来的破坏，三国统治者都开始致力于发展生产，建设自己的国家。魏国注重水利工程的修建，北方的农业生产得以恢复发展。蜀国的手工业相对发达，尤其是丝织业格外繁荣。吴国则以造船业著称，海上交通自古有名。这一状态保持时间短暂，三国鼎立的局面便开始改变。

魏国曹丕死后，其子曹睿继位，任命司马懿为辅政大臣。其后，魏国的大权渐渐落入司马懿之手。司马懿死后，其长子司马师废除了成年却未能亲政的曹芳，另立十三岁的曹髦（máo）为帝，司马师的权势超过了其父。不久以后，司马师病死。在病重时，他便把理政事务交给了其弟司马昭。司马昭总揽大权后，野心远超其兄长，总想取代曹髦。为达到这一目的，他不断铲除异己，打击政敌。曹髦自知是命不久矣的傀儡皇帝，就打算放手一搏，准备用突然袭击的办法杀掉司马昭。然而，大臣中早有人把这个消息报告了司马昭。司马昭立即派兵阻截，把曹髦杀掉了。

263年，司马昭派出多路军队讨伐蜀国，占领蜀都成都。蜀后主刘禅被掳至魏国，蜀国灭亡。

266年，司马昭之子司马炎废魏帝，改国号为晋，定都洛阳，这就是历史上的西晋王朝。

魏灭蜀之后，蜀吴联盟不攻自破，吴国完全处于西晋的包围之中。吴国的皇帝孙皓，花天酒地，不问国事。280年，晋军攻打吴国，势如破竹，攻克建业，孙皓面缚请降。到此为止，三国的历史结束。

这一时期的刘备、关羽、张飞、姜维、曹操、孙权、周瑜、黄忠、马超、吕布等都是著名的风云人物，家喻户晓。

产生于这一时期的如鱼得水、三顾茅庐、桃园结义、初出茅庐、虎踞龙盘、集思广益、鞠躬尽瘁、望梅止渴、才占八斗、七步之才、超群绝伦、一身是胆、吴下阿蒙、大器晚成、乐不思蜀、三气周瑜、单刀赴会、单骑救主、七擒孟获等历史典故层出不穷，被人们津津乐道。

发生于这一时期的官渡之战、赤壁之战、夷陵之战、诸葛亮北伐、姜维北伐、魏灭蜀之战、晋灭吴之战等著名战役为人激赏，永载史册。

两 晋

司马炎于266年取代曹魏政权而建立新的政权，国号晋，定都洛阳，史称"西晋"。316年西晋被匈奴所灭，存世50年。如果从280年统一全国算起，统一时间才36年。西晋虽然"昙花一现"，但它是魏晋南北朝长期分裂时期中的短暂统一时期。

西晋的第二代皇帝惠帝（司马衷）是个愚痴之人，没有能力治理国家，朝中大权尽落于皇后贾氏之手。司马氏诸王不满于朝中贾氏独断专权，欲杀贾氏而执掌大权，于是便发生了晋朝历史上有名的"八王之乱"。八王全部是西晋皇室宗亲。八王之乱前后历时16年之久，是中国历史上空前的大内讧。期间，西北方各少数民族乘机起兵，纷纷入侵中原地区，最终西晋被匈奴族所灭。

东晋是西晋皇族司马睿于317年在建康（今南京）建立起来的政权，史称"东晋"。420年东晋被刘裕的宋朝取代，共103年的时间。那时候北方陷入严重的战乱。4世纪后期，氐族人建立了前秦政权。前秦王苻坚励精图治，国家得以发展壮大，继而统一了黄河流域。苻坚是个有抱负的人，他打算一举灭掉东晋，统一全国。于是双方发生了历史上有名的淝水（今安徽瓦埠湖一段）之战。

383年，苻坚在统一北方后，强征80多万军士，挥兵南下，企图一举灭晋。面对前秦的外患，东晋内部矛盾暂时得以缓和，变得同仇敌忾。宰相谢安从容应战，命令谢石、谢玄等率军8万隔淝水与秦军对峙。面对强大的对手，谢玄派精兵5000夜渡洛涧（今安徽洛河），大破秦军，杀秦将10名，歼敌1.5万。东晋首战告捷，士气大振，接着水陆兼程，直逼淝水东岸。淝水之战前，前秦众大臣认为时机不到，反对攻晋。但苻坚一意孤行，自恃兵多势强，鼓吹自己有百万大军，只要把马鞭投入江中，就足以阻断江水（成语"投鞭断水"由此而来）。但战役开始不久，苻坚登寿阳城，见晋军军纪严明，又望八公山（在今安徽淮南西）上草木，以为都是晋兵（成语"草木皆兵"由此而来），开始害怕起来。谢玄针对秦军上下离心、各族士兵厌战的情况，遣使要求秦军向后撤退，以便晋军渡河决战。苻坚意图待晋军渡河过半时（成语"半渡而击"由此而来）派骑兵冲杀，就同意后退。然而秦军一退不止，加之在襄阳被俘晋将朱序大喊："秦兵败了！"秦军听到，信以为真，于是阵脚大乱，溃不成军。晋军乘机渡淝水，发起猛烈进攻，致秦军大败。溃兵逃跑时听到风声和鹤叫，都以为是晋的追兵（成语"风声鹤唳"由此而来），因而昼夜奔跑，饥寒交迫，死者百分之八十。苻坚身中流矢，单骑而逃。此战是中国战争史上以弱胜强的经典战例之一。战后，前秦统治瓦解，北方又陷入割据混乱的状态。东晋政权得以暂时稳定，经济发展水平得到明显提高。

南北朝

南朝。东晋王朝之后，南方先后共经历宋、齐、梁、陈四个朝代，总称"南朝"。

北朝。北魏（鲜卑族建立）继前秦之后，重新统一黄河流域。北魏后来又分裂成东魏和西魏，东魏后来被北齐取代，西魏又被北周取代，这五个朝代统称北朝。

南朝和北朝合起来叫作"南北朝"。

这个时期有这样一些特点。（1）封建国家分裂，政权交替频繁。（2）南方相对稳定，江南地区得以开发。（3）北方战乱不休，但民族融合加强。（4）士族制度形成、发展和衰落。（5）文化承上启下，佛教盛行。其中，南朝地区得以开发和北朝民族大融合，是这个时代的最大亮点。

南北朝时期，江南大片的荒地开垦出来，成为良田；兴修了许多水利工程；种稻学会使用绿肥、粪肥；小麦的种植推广到江南。这些变化是以前没有过的。是什么原因使人烟稀少的南方得以开发的呢？主要有以下原因：北方战乱不休，人们纷纷南迁。南迁的北方人给江南地区带去了劳动力和先进的生产技术及不同的生活方式。南方雨量大，气候温暖，土地肥沃，具备发展农业的优越条件。另外，南方的战争相对较少，社会比较安定。

这个时期，全国人口迁徙汹涌澎湃。一是北方和西方大量少数民族入居中原黄河流域；二是中原汉族人民为躲避战乱，有的南迁长江流域，有的北迁关外广袤的少数民族边疆地区。迁居中原的少数民族，受汉族封建经济文化的影响，先后完成了封建化转制。汉族也从少数民族那里学习了很多有益的东西。这种民族间的融合，有利于全国社会经济发展。其中北魏孝文帝的改革，既顺应了民族融合的趋势，又加快了民族融合的进度。

为了加强对汉族先进文化的学习，同时加大对黄河流域的控制力度，进而巩固北魏政权，孝文帝决意迁都，由平城迁至洛阳。

493年，魏孝文帝亲率30多万步兵骑兵南下，由平城出发，直奔洛阳。当时正赶上洛阳天天下雨，雨期绵延一月，道路湿滑泥泞，导致行军困难。但是孝文帝仍旧下令继续南进。大臣们本就不愿出兵伐齐，又以天气多雨为由，来阻拦南进伐齐。孝文帝严肃地说："如果半途而废，岂不是给后人以笑柄。不南进可以，但有个条件，就是把国都迁到这里，怎么样？"大家一听，因为没有思想准备，都面面相觑。见此情景，孝文帝接着说："不能再犹豫了。同意迁都的往左边站，不同意地站在右边。"这时其中一个贵族说："只要陛下同意停止南伐，那么迁都洛阳，我们也认了。"众文武官员虽反对迁都，但只好妥协赞同。孝文帝暗喜之余，又派拓跋澄回到都城平城，向王公贵族们宣扬迁都的好处。此后，他还亲返平城，召集贵族老臣，反复商议迁都之事。即使如此，平城的贵族中还有不少人反对迁都，说："迁都是大事，凶吉难测，还是卜个卦吧。"孝文帝耐心地说："卜卦是为了解决疑难不决的事。迁都的事已经没有疑难，不必卜了。要治理天下，我们应该以四海为家，走南闯北，哪有固定不变的道理。再说我们的祖先也几次迁都，为什么我们就不能迁呢？"贵族大臣被驳得哑口无言，迁都洛阳之事就此敲定。

孝文帝改革是这个时期浓重的一笔，改革分为三个阶段。迁都以前，进行政治经济的改革。迁都洛阳，是为了接受汉族先进的文化，加强对中原地区的控制。改革在具体推行过程中，迁都洛阳最为关键，也最费周折。迁都以后，首先，改用汉语，穿汉服，改汉姓（如拓跋改姓元，步六孤改姓陆，独孤改姓刘，贺赖改姓贺，贺楼改姓楼等）；其次，鼓励鲜卑贵族与汉族联姻；再次，沿用汉族的官制律令，学习汉族礼法，崇奉孔子的思想，提倡以孝治国，做到尊老养老。

隋　朝

581年，北周大将杨坚夺取北周政权，建立隋朝。589年，隋军南下，灭掉南朝最后一个朝代陈，统一全国。隋朝亡于618年，统治中国37年，统一全国29年。前后仅隋文帝、隋炀帝两代，是我国历史上短命王朝之一。

隋朝虽然命短，但三件大事足以让它名垂青史：出现了开皇之治的治世局面，创立科举制，开凿大运河。

第一，开皇之治

隋文帝杨坚即位后，大力推行政治、经济改革，特别是发展生产、注重吏治的措施，效果很好。人民的负担轻了，经济繁荣了，人口大幅度增长，储存的粮食布匹可供应政府五六十年开销，国家出现了统一安定的局面。因为隋文帝前期的年号为开皇，所以历史上称他的统治为"开皇之治"。开皇之治为唐朝的繁荣打下了基础。

第二，设立科举制

魏晋以来，官吏的选拔主要来自高门权贵。高门权贵无论好赖，都可以做官。这样，许多出身低贱卑微但有真才实学的人，却没有机会做官。为改变这种选官弊端，隋文帝时就采用分科考试的办法来甄选官员，考试合格方可为官。隋炀帝时正式设立进士科，考查应试者对时事的看法，根据成绩录用人才，这一措施标志着科举制正式诞生。

科举制改善了用人制度，扩大了统治基础，为寒门子弟做官创造了机会；它还促进了教育事业的发展，用功读书蔚然成风。

科举制影响深远，这一制度在我国封建社会中得以延续了一千三百多年。我们现在实行的高考制度就借鉴了一些科举制的应试方法。西方的文官制度通过公务员考试来选拔人才，其选拔制度公认源自中国的科举制。

第三，开凿大运河

604年，隋文帝被杀。死后第二天，其子杨广继位，即隋炀帝。

隋炀帝成就了一件举世闻名的大工程——开凿大运河。

隋朝大运河，605年开凿，610年完工。运河以洛阳为中心，北到涿郡（今北京），南到余杭（今浙江杭州），全长两千多公里，是古代世界上最长的运河。隋炀帝继位第二年就开凿大运河，他凭什么能进行这么浩大的工程？原因有三：一是他有个励精图治的好父亲，父亲给他奠定了良好的基础。前边我们说过，开皇之治二十多年，出现了经济繁荣的景象，这就使隋炀帝开通大运河有了雄厚的经济实力。二是国家统一安定，使隋炀帝征发几百万民工有了可能性。三是有前代开凿的古运河为基础（邗沟就是春秋时吴国夫差所开凿的）。

那么，大运河的开凿有什么意义呢？我们先来看看古人的评价。

晚唐诗人皮日休有一首《汴河铭》，其中称赞道："北通涿郡之渔商，南运江都之转输，其为利也博哉！"意思是南来北往的渔商，从中获利很大。

古人还评价说："天下转漕，仰此一渠。"意思是全国的内河运输，就仰仗着大运河。由此不难看出古人对开凿大运河的肯定。但也有人持否定态度。到底开凿大运河是件好事还是坏事呢？总的来说是好事，但用一个"好"字和一个"坏"字来评价太简单了。持"好事"态度的人，抓住了问题关键，认为大运河确实成为南北交通的大动脉，大大促进了南北经济交流，利于国家统一。持"坏事"态度的人，认为开凿大运河，过度役使了民力，给人民带来了沉重的徭役负担。618年，隋炀帝在扬州被勒死，不是偶然。

唐　朝

从618年唐高祖李渊称帝建立唐朝开始，到907年后梁太祖朱温篡唐为止，唐朝共经历289年。唐朝是我国封建历史中统治时间最长的一个朝代，与西汉并称为中国历史上两大强盛王朝。唐朝大致以安史之乱为界，分为前期和后期。

前期经历了以下主要历史事件。

李渊开国。隋朝时期，隋炀帝重用李渊，但同时又对他不甚放心,便派人监督他。隋朝末年发生了农民起义,隋朝的灭亡已经不可扭转,李渊便生起取而代之的念头。于是在太原起兵造反,率众儿子参加了农民起义的大军。618年,他建立唐朝,定都长安,其嫡长子李建成称太子,嫡次子李世民称秦王,嫡四子李元吉称齐王。

贞观之治。李世民对于唐朝的建立,功劳甚大。其军事才能突出,在多次重要战役中取得胜利。建唐后,太子李建成为了争夺皇位,与李世民发生了激烈的斗争。626年,李世民发动玄武门之变,杀了太子与齐王,获得了长安的控制权。李渊非常了解时局,于是禅让帝位给李世民。李世民继位,即唐太宗,年号贞观。

唐太宗参加过波澜壮阔的隋末农民战争,从中认识到人民群众力量的强大。他经常对自己或者大臣们说:"舟所以比人君,水所以比黎庶,水能载舟,亦能覆舟。"

他重视发展生产,减轻农民的赋税劳役负担;注意戒奢从简;合并州县;任用贤才;虚心纳谏。在贞观年间,政治比较清明,经济恢复发展很快,国力大大加强,从而出现了治世"贞观之治"。据史料记载,贞观四年(630年),全年死刑犯仅29人。而当时的物价,一斗米不过三四钱。

高宗时期。唐太宗去世后,李治即位,即唐高宗。在此期间,因为军事方面有宿将如李勣、苏定方、薛仁贵等的支撑,宫内有名臣长孙无忌、褚遂良等的辅佐,所以唐高宗还像个皇帝样。后来,唐高宗的身体每况愈下,他就把许多政事逐渐交给武则天处理,武则天便成为最高统治者之一,与高宗并称"二圣",而此时的高宗实为傀儡。

武周篡唐。690年,武则天从幕后来到前台称皇帝,改国号为周,即武周,定都洛阳(号称"神都"),成为中国历史上唯一的女皇帝。她执政期间,传承唐太宗的治国理念,继续发展生产,完善科举制,选拔贤才等。她特别爱惜人才,选拔人才不拘一格,如对姚崇、骆宾王、狄仁杰、张柬之、张仁愿等名臣将领的选拔使用。人们称颂她的统治"政启开元,治宏贞观"。

开元之治。武则天以后,唐朝政局动荡,直到唐玄宗即位,局面才稳定下来。唐玄宗是唐太宗的孙子,其统治可分为开元与天宝两个阶段,其中开元时期的政治比较清明。他任用姚崇、宋璟、张九龄等贤臣,进行吏治改革;还注重节俭,发展生产,使开元年间的政局焕然一新,史称"开元之治"。

安史之乱。天宝年间,唐玄宗开始放纵自己,奢侈享乐,不问国事,宠爱杨贵妃,任用口蜜腹剑的李林甫等奸臣,终于酿成了安史之乱。自此,唐朝日渐衰落下去。

藩镇割据、外族入侵、宦官专权与牛李党争等内忧外患接踵而至。9世纪后期,爆发了黄巢农民大起义,虽然被平定,但唐朝已土崩瓦解。907年,唐哀帝在朱全忠的逼迫下禅让。朱全忠建国后梁,唐朝亡,五代十国时期由此开启。

文成公主入藏弘佛图

纵观唐朝时期,国家安定,政治清明,出现了"贞观之治"和"开元盛世"两个治世局面,这在历史上绝无仅有。唐朝时期,经济繁荣,人民安居乐业,三代皇帝完善科举,使科举制成为我国历史上选拔人才的重要制度,影响至今;实行开明的民族政策,汉民族和少数民族和同为一家,使我国统一的多民族国家得到空前发展。文成公主入藏成为历史佳话。

唐朝时期，实行开放的对外政策，与亚、非、欧的国家都有往来。唐朝在世界上享有很高的声誉，所以在国外才有"唐人""唐人街"等名称。鉴真东渡、玄奘西游、遣唐使等美妙的故事，就是唐朝与外国友好交往的见证。

唐朝时期，诗歌繁荣，诗人辈出，出现了李白、杜甫、白居易等大诗人。

唐朝时期，书法艺术发展至巅峰状态，楷体书法名家辈出，最著名的是颜真卿、柳公权；草体书法名家有张旭、怀素等人。

李白像

杜甫像

两　宋

宋朝是中国历史上上承五代十国、下启元朝的时代，分为北宋与南宋，合称两宋。

960年，历史上有名的"陈桥兵变、黄袍加身"故事发生，赵匡胤以宋为国号，定都开封，即北宋。

宋太祖和宋太宗两朝是北宋统治的第一阶段。这时期中央和地方的矛盾，中央和皇帝的矛盾都比较突出。赵匡胤为巩固统治，采取了一系列加强封建专制统治的措施。建隆二年（961年），宋太祖召集部分禁军高级将领宴饮，许以高官厚禄，解除了他们的兵权。后又以同样的手段，解除了藩镇节度使的兵权。这就是用非军事手段解除兵权的"杯酒释兵权"。杯酒释兵权，一方面加强了中央集权统治，有利于宋朝初年的安定；另一方面，也使得宋朝的将领处处受到牵制，临阵时不能据变处置。

真宗、仁宗、英宗、神宗是北宋统治第二阶段。这段时期，宋代的社会矛盾激化，农民起义和兵变在各地相继爆发，斗争的浪潮一浪高过一浪。如王小波起义、王均起义相继爆发。面对这种情况，改革和变法也如雨后春笋。著名的有仁宗时期的庆历新政，神宗时期的王安石变法。

哲宗、徽宗、钦宗三朝是北宋统治的第三阶段。这期间北宋和金的矛盾逐步上升为主要矛盾。金人两次南下，北宋灭亡。

澶渊之盟、靖康之耻等都是发生在北宋。

1127年，赵构于临安（今杭州）称帝，是为宋高宗，建立了历史上的南宋。

南宋与西夏、金朝和大理为并存政权。南宋政权偏安江南，苟且偷生，不思进取；南宋政治相当黑暗，高宗时有秦桧把持朝政，残害岳飞等抗金忠良。1276年元军攻占南宋都城，1279年南宋灭亡。

两宋的历史共319年，在历史上也有它独特的地方。

从政治上看，两宋民族政权并立，民族矛盾突出，和战交替，但民族融合是历史发展的主流。

从经济上看，两宋时期南方经济取得了前所未有的大发展，经济重心南移完毕。

两宋时期，许多中原人南移，将先进的劳动力和生产技术带去了南方，加上南方战乱较少，自然条件优越，所以江南农业发展较快，渐渐超过北方。此时水稻代替了小麦跃居粮食产量的第一位；苏州、湖州成为全国的重要粮仓，因

南宋水密隔舱船

此，民间流传"苏湖熟，天下足"的谚语。

两宋时期，南方的手工业非常兴旺。蜀地的丝织品冠绝天下；棉织业从海南岛地区慢慢发展到东南沿海一带。两宋时期是中国瓷器史上的鼎盛时期，江南逐渐发展成为我国的制瓷业重心，所产的冰裂纹瓷闻名遐迩，景德镇成为重要的制瓷中心。两宋的造船业水平举世闻名，广州、泉州两地就是最有代表性的造船基地。

两宋时期，耕种土地大幅减少，丝绸之路被阻断，整个社会被迫开启以商业经济为主的经济发展模式，其中尤以远洋贸易为主。这时，最大的城市临安的人口已经突破了百万，大街小巷店铺林立，贸易往来夜以继日。这个时期的海外贸易远超前代，主导了世界海外贸易市场；海外贸易的足迹遍布东亚、西亚、非洲等地区，与50多个国家通商，这在历史上绝无仅有。

宋代，海外贸易所得在财政收入中占重要地位。据《宋史》记载："国家根本，仰给东南。"意思是政府的财政收入，主要来自南方，特别是东南地区。

从科技上看，两宋时期在整个社会经济、文化全面发展的基础上，科学技术也得到了长足的进步。两宋的科技成就卓越，不仅发展到我国古代科学技术史上的巅峰阶段，而且在当时的世界范围内也处于领先地位。如活字印刷、火药和指南针就是在两宋时期完成或开始应用的。大科学家沈括在他的《梦溪笔谈》中预言，石油在未来"必大行于世"。而"石油"这一名称，便由他命名。

宋代的词是我国文学长廊中的一朵奇葩。宋代词人层出不穷，有豪放派的苏轼、辛弃疾，有婉约派的李清照、柳永、秦观、周邦彦等。在书法、绘画艺术方面，张择端的《清明上河图》达到了前所未有的水平。这幅长篇画卷描绘了开封的风土人情和数量庞大的各色人物，成为中国传世名画之一。

两宋时期，随着商业的发展，城市渐趋繁荣，市民阶层不断发展，文化生活丰富多彩。开封城内有很多商业和娱乐功能兼具的场所，叫作"瓦子"。瓦子中圈出很多专供演出的圈子，称为"勾栏"。这里有演杂剧的、唱曲的、说书的，有摆摊的、卖药的、剃头的，令人眼花缭乱。那时候，已有端午节、元宵节、中秋节等，春节也挂年画、守岁、放鞭炮。家喻户晓的有关杨家将、包公、水浒传、岳飞抗金、穆桂英挂帅等故事都发生在两宋时期。

元　朝

元朝，自1271年定国号为元开始，到1368年明军攻入大都为止，共97年的历史。元朝是蒙古族建立起来的庞大王朝，它是中国历史上第一个由少数民族建立并统一全国的政权。蒙古族以其强大的武力，不仅征服了中原及长江以南地区，而且将其控制范围扩张至西亚地区，使元朝成为中国有史以来疆域最辽阔的王朝。

我国北方蒙古高原上，居住着很多游牧民族。它们之间战乱不已。当时有歌谣这样描述："没有逃避的地方，只有冲锋打仗；没有平安幸福，只有互相杀伐。"那时有一个人叫铁木真，他组织了一支强大的军队，历经多年征战，统一了蒙古高原。1206年，蒙古国建立，铁木真被尊称为成吉思汗。之后，他和子孙们发动了大规模的扩张战争，除对金、西夏、南宋作战外，还将蒙古马的铁蹄踏进欧洲多瑙河流域，建立了钦察、察合台、窝阔台、伊儿四个汗国，国土空前扩大。

元朝的第一位皇帝是忽必烈，他是成吉思汗的孙子。忽必烈改国号为元，定都大都（今北京），1276年灭南宋。当时南宋大臣文天祥继续抗元，兵败被俘，拒绝投降，悲愤地写下了流传千古的《过零丁洋》一诗，表达死不改节的决心。

元朝的历史始于开国皇帝元世祖忽必烈。

作为少数民族出身的皇帝，元世祖非常重视农业。为便利南粮北运，他下令开凿两段新运河。

为加强对全国的统治，元世祖实行行省制度，影响至今。

元世祖时期，中外交往很频繁。此时中国成为世界上最繁荣昌盛的国家，西方各国的使者、商人、旅行家纷纷慕名来到中国。其中最有

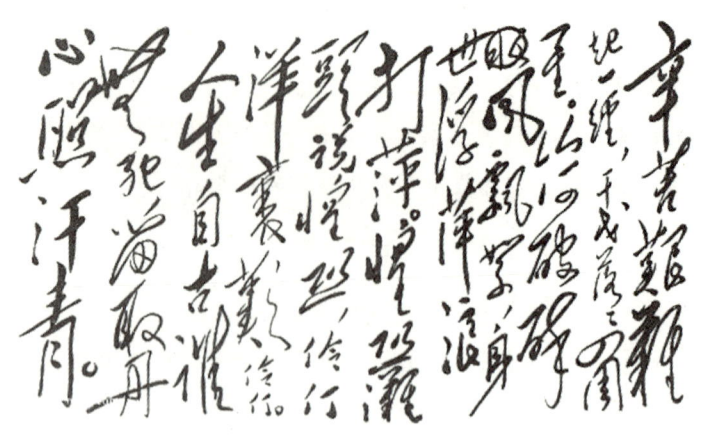

《过零丁洋》诗

名的就是马可·波罗。马可·波罗的父亲尼古拉·波罗和叔父玛飞·波罗，都是威尼斯的商人。兄弟俩做生意来到了中亚细亚的一座城市——布哈拉。有一次，忽必烈的使者经过布哈拉，见到尼古拉兄弟，心生好奇，就对他们说："我们大汗没见过欧洲人。你们如果能够跟我一起去见大汗，保证叫你们荣华富贵；再说，跟我们一起到中国去，再安全不过了。"两兄弟听了喜出望外，便跟随使者来到中国。忽必烈听说来了两个欧洲客人，十分高兴，很快接见了他们。后来，两人告别了忽必烈，离开中国。回到意大利后，尼古拉把在中国的见闻讲给15岁的儿子马可·波罗听，儿子心里便埋下了去中国的种子。1275年，尼古拉带着儿子来到元朝，进宫拜见了元世祖。元世祖特地在皇宫里举行宴会，热烈欢迎他们。小马可·波罗聪明异常，很快便掌握了蒙古语和汉语。元世祖很赏识他，不久便派他到云南办事。回到大都后，马可·波罗将在云南各地考察到的风俗人情向元世祖详细地进行汇报。元世祖直夸马可·波罗能干。此后，凡有重要出行任务，元世祖总派马可·波罗去。马可·波罗在中国生活了17年。回到意大利后，带回许多珍珠宝石，引得当地人羡慕。后来一个作家名叫鲁思梯谦，他把马可·波罗的经历编成名为《马可·波罗行纪》（又名《东方闻见录》）的书。书中详细介绍了中国的著名城市，称赞其繁荣富庶。这本书一出版，便掀起了欧洲人向往中国文明的热潮。不久，欧洲人就开始了新航路的开辟。可以说，《马可·波罗行纪》一书的出版，成了欧洲人开辟新航路的一个重要动因。

元朝时期，民族融合进一步发展。那时候来中国居住的波斯人、阿拉伯人同汉人、蒙古人、畏兀儿（今维吾尔族）等族，杂居相处，互通姻亲，逐渐融合，一个新的民族——回族，就此形成。元朝境内大规模的人口流动，促进了民族间经济、文化的发展与融合。

元朝后期，阶级矛盾激化，农民起义此起彼伏，如1351年刘福通领导的红巾军起义。特别是朱元璋领导的起义军，不断扩充自己的势力，统一了江南的半壁江山。1367年，朱元璋任命徐达为征虏大将军，常遇春为副将军，实施北伐。1368年8月攻陷元大都，元顺帝弃城北逃，元朝统治画上了句号。

明　朝

明朝，从1368年朱元璋灭元称帝开始，到1644年崇祯帝在景山吊死止。因为明朝的皇帝姓朱，所以明朝又称"朱明"。明朝是中国封建历史上上承元朝、下启清朝的朝代，是汉族建立起来的强大王朝，是中国封建社会继秦朝、汉朝和唐朝之后又一个盛世。

明朝历史，以明太祖、明成祖的统治最为重要，最具有特色。

明太祖朱元璋是明朝的开国皇帝，他和汉高帝刘邦一样是百姓出身而统一全国的君主。在位期间，他大力加强君权，废除元朝以来实行的行省制；撤销了自秦朝以来实行了1500多年的丞相制度；设立的特务机构——锦衣卫，开创了中国特务机构的先河。锦衣卫是皇帝的侍卫亲军，因衣着锦绣华丽而得名。

锦衣卫随驾出行，最初只是皇家仪仗队，日后却渐趋变为一个特务机构。

锦衣卫

锦衣卫用刑非常残酷。廷杖（对朝中大臣实施杖责的一种惩罚）是其中特别的一种。初期杖满就停刑，后期时常打人致死。还有一种是用300斤重的立枷，很快就可将犯人压死。这种对犯人严刑逼供、非法凌虐、毫无人道的酷刑，使得朝野上下怨声载道。后来取消。

锦衣卫在天津设立机构后，由皇帝直接指挥，不受法律的约束。锦衣卫足迹遍布全国。他们遵照圣旨私下打探军情民意，不放过一点对皇帝不利的言行，当地的官吏不敢随便加以过问。时人只要稍微流露出对他们的不满，便被抓去受刑，九死一生。

经过"靖难之变"，朱棣登上帝位，他就是明成祖，年号永乐。明成祖即位后，继承父业，继续加强君权。在锦衣卫的基础之上，又增设特务机构——东厂。明成祖实行削藩政策，致力于解除藩王的威胁；改北平为北京，迁都北京，加强中央对北方的控制。明成祖统治时期是明朝的辉煌时期。《永乐大典》就是明成祖组织人修订的。

明朝时期，中外关系既有友好往来，也有冲突斗争。

明朝前期，我国处于强盛时期。为了加强同海外各国的联系，从1405年到1433年，郑和七次下西洋（文莱以西的东南亚和印度洋广大地区）。其足迹遍布亚非三十个国家和地区，最远到达红海沿岸和非洲东海岸，比欧洲航海家的远航早半个多世纪。郑和的远航，促进了中国和亚非各国的经济交流，并实现了中亚非友好关系的建立。

明朝中期，海防松弛，倭寇猖獗。名将戚继光在人民群众的大力支持下，使东南沿海的倭患得以平息。

明朝末年，一些欧洲殖民者不断侵略我国沿海地区。特别是葡萄牙殖民者，于1553年占领了我国广东的澳门。

经济上当时我国并不落后。明朝中后期，在农业、手工业、特别是商业发展的前提下，纺织部门出现了资本主义性质的

戚继光像

生产关系。这是历史的巨大进步！可惜这点资本主义经济刚刚萌芽就被强大顽固的封建经济和制度给扼杀了。所以我们国家就没有顺理成章地进入资本主义社会，而是在外国的侵略下进入了半殖民地半封建社会。

明朝时期，社会生产力显著提高，商品经济繁荣发展，促进了科技的进一步发展。众多科学家，积极投身于研究领域，因而诞生了一批科技巨著。杰出的科学家宋应星，深入经济发展的第一线，写出了《天工开物》。书中总结了经济各个领域的生产技术，反映了明朝资本主义萌芽的面貌，还强调了人类与自然的协调，人力与自然力的配合，这一点很超前，颇有开拓之功。《天工开物》被外国学者称为"中国17世纪的工艺百科全书"。科学家徐光启著有记载农业生产理论和科学方法的《农政全书》，最早传播了西方近代的科学知识，在我国农学史上留下了浓墨重彩的一笔。

在这一时期，医药学家李时珍写出了药物学巨著《本草纲目》。

清　朝

清朝，从1616年努尔哈赤建立后金开始，到1912年最后一个皇帝溥仪退位止。清朝是由女真族（满族）建立起来的封建王朝，是中国历史上继元朝之后的第二个由少数民族统治中国的王朝，也是中国最后一个封建帝制国家。清朝的历史分为两大时期：前期是封建制度的清朝，后期是半殖民地半封建社会的清朝。在这里我们看到的只是清朝前期的历史。

明朝后期，女真族出现了一位杰出的领袖——爱新觉罗·努尔哈赤。在他的领导下，女真族（今满族的前身）迅速崛起。1616年，努尔哈赤建

努尔哈赤像

立"后金"。

后来，努尔哈赤之子皇太极改女真族为满洲族。1636年，皇太极在沈阳称帝，改国号为清。

1644年，皇太极的儿子福临（顺治帝）在摄政王多尔衮的辅佐下，迁都北京，逐步建立起对全国的统治。

1662年，顺治帝薨，在辅政大臣鳌拜、索尼、苏克萨哈等人的辅佐下，顺治之子玄烨即位，年号康熙，这就是历史上的清圣祖。

康熙皇帝是我国历史上杰出的皇帝之一，他在位的61年是清朝发展最快的一段时期。康熙有"千古一帝"之称。康熙即位之初，除掉了结党营私的辅政大臣鳌拜。后又经过8年奋战，一举平定了以吴三桂为首的三藩之乱，维护了统一；招抚台湾郑氏家族，设台湾府，加强台湾与内地的联系，巩固了祖国的海防；击溃侵略东北的沙俄军，签订《尼布楚条约》，划定中俄两国东段边界，巩固了统一的多民族国家。

康熙之后，雍正帝即位。他是中国历史上最勤政的君王之一。

雍正之后，乾隆帝登基。乾隆朝的60年是清王朝国力最强的时期。

乾隆帝在位期间，干了许多大事。为了加强君主专制，他设立军机处，由皇帝选调亲信大臣组成。这一措施，标志着我国封建君主集权进一步强化。他平定大小和卓的叛乱，设置伊犁将军，加强对新疆的管理；妥善安置土尔扈特部，加强了同蒙、回等少数民族的联系；进一步发展经济，国力更加昌盛。康熙、雍正、乾隆三代皇帝统治的时期，社会稳定，经济发展，人民生活水平大大提高，清朝达到了有史以来的鼎盛阶段，史称"康乾盛世"。

康、雍、乾三世的确是清朝统治的顶峰，但也是清朝走向衰落的开始。

大兴文字狱，在康、雍、乾三朝达到登峰造极的地步。这造成了社会的恐怖，摧残了人才，严重阻碍了中国社会的发展与进步。

清朝严格限制对外贸易，这就是闭关锁国政策。这一政策对西方殖民者的侵略活动起了一定的自卫作用，但它使清朝与世隔绝，看不到世界形势的趋势和变化，使中国在世界上孤立了，逐渐落伍了。近代中国落后挨打一百年，与清朝奉行的闭关锁国政策关系很大。

1796年，乾隆皇帝让位于其子仁宗颙（yóng）琰，年号嘉庆。嘉庆之后道光帝即位。他是鸦片战争的头号当事人。从1840年鸦片战争开始，历史进入清朝后期，期间经历了道光、咸丰、同治、光绪、宣统几位皇帝。

二　帝王风流

1. 远古始祖三皇五帝

三皇五帝是远古时代，即原始社会中后期出现的为人类做出卓越贡献的部落首领或部落联盟首领。

三皇组成有不同说法。第一，三皇指燧人（燧皇）、伏羲（羲皇）、神农（农皇）。第二，流传最广，为大多人民接受并熟知的三皇，指伏羲（天皇）、神农（地皇）、轩辕（人皇）。

伏羲（天皇）是古代传说中中华民族人文始祖之一，是中国神话传说中最早的部落首领，中国医药鼻祖之一。他根据世间万物的变幻，发明创造了占卜八卦；创造古老文字，结束了"结绳记事"的历史；触类旁通，结绳为网，用来捕鸟打猎，教会了人们渔猎的方法；发明了古乐器琴、瑟，创作了古老的曲子。

三皇五帝像

神农（地皇）的发明也不少。他发明种植，识五谷，首创农具耒与耜，又首创纺织。他教育人们："男人不勤劳耕作，老百姓就会挨饿；女人不纺纱织布，老百姓就会挨冻。"为给人们做出榜样，他亲自耕作，他的妻子亲自纺织。为了使人们免遭疾病困扰，他到山野中采集百草，遍尝草木性味，发明了草药医疗法。这就是后人所说的"神农尝百草，始有医药"。他还发明了盐，这对于改善人类的饮食和营养结构，增强人类体质具有十分重要的作用。

传说轩辕（人皇）更是个聪明能干的人物。他设立官职，广举贤能，大治天下；他会推算天文，制定出中国最早的历法；他还会制造车、船和指南车，特别是指南车为后来指南针的发明奠定了基础；他还精通医术，与他人共同研究出一套治疗方法，被后人编成中国最早的医书《黄帝内经》。居者靠河流，牧者逐水草，很不方便。他又发明了井，改变了古人饮水的限制；他教人们盖房子，改变了人的穴居状态。他的手下仓颉，造出了象形文字。他的妻子嫘祖也十分能干，她传授给人们养蚕技术，并进而总结出一套喂蚕、缫丝、织帛的经验。由此人们便能够制作衣服、鞋帽，彻底改变了穿树叶兽皮的落后局面，提高了人们的生活水平。

三皇的这些发明，来自许多神话传说。在位时期的这些发明也不是他们一个人的功劳，而是大家集体共同劳动的结果。这些发明反映的也只能是三皇那个时代劳动人民的聪明才智。至于说这样那样的创造是三皇发明的，那是因为三皇在人们心中的威信高，后人一致承认他们是华夏始祖，所以就把一切文明创造都推源于他们个人而已。

五帝的说法更多。主要有三种。第一种说法指黄帝（轩辕）、颛顼、帝喾、尧、舜。第二种说法指太皞（伏羲）、炎帝、黄帝、少皞（少昊）、颛顼。第三种说法指少昊（皞）、颛顼、高辛（帝喾）、尧、舜。人们普遍认同的是第一种说法。他们的关系大致是这样的：黄帝和颛顼之间是爷孙关系。帝喾是黄帝的曾孙。尧是帝喾的儿子。舜是颛顼的后代。也就是说颛顼、帝喾、尧、舜都是黄帝的后代。

战国时期的秦王嬴政统一全国后，自认为功劳盖世，超过了三皇五帝中的任何一个人，就把"皇"与"帝"连在一起，称"皇帝"，并自称秦始皇帝，简称"秦始皇"。

2. 治水有功大禹

继黄帝之后，我国黄河流域杰出的部落联盟首领还有尧、舜、禹。禹是其中功劳最大、最受人们崇敬的一个。禹因治水有功，后人称他为大禹，也就是伟大的禹的意思。一提起大禹，人们自然想到他治理水患的丰功伟绩。其实，他父亲鲧（gǔn）开始治水，用的是堵塞法。他把人们活动的地区用土城围了起来，不断地用土筑成堤坝，以此来堵塞漏洞。每当洪水到来的时候，将土层堤坝不断加大。但是洪水来势凶猛，对土墙的不断冲击，导致了堤毁墙塌，淹死百姓无数。鲧治水九年，没有制服洪水，反被治罪处死。

大禹在领取了舜的治水命令之后，先总结其父治水失败的经验教训，然后带领一大帮人，对黄河进行考察。相传有一次他们考察至山东的一条河边，老天突然电闪雷鸣，大雨倾盆，山洪暴发。考察队员有的被洪水淹没，有的被水流冲走。大禹的随行人员大受惊骇，因此后人将这条河称为徒骇河。

大禹治水图

考察完毕，经过对黄河水情的研究，大禹决定用疏导法来治理水患。他亲自率领众徒和百姓开始治水。他们风餐露宿，粗衣淡饭，辛苦地劳作着。尤其是大禹，白天实地考察、指挥，晚上研究，脸晒黑了，人累瘦了，但他没有抱怨。一次，他们走到了河南洛阳南郊，发现了一座东西走向的高山，叫龙门山。山中段有一个缺口，细流从此流过。但当特大洪水暴发时，因为大山的阻挡，洪水在缺口处形成了漩涡，水位迅速上升，极易造成水患。大禹便集中人力，凿开了这个缺口。河水由此飞泻而下，龙门下的大鲤鱼随之而下，上下跳跃，场面非常壮观。

另外，大禹把黄河主流加深加宽，让支流与主流相接，使所有支流的水都归主流，洪水便可畅通流向大海了。同时，他们又将原来的高处挖深，使成低地，形成陆地和湖泽。大禹治水13年，用疏导法治水，体现出劳动人民的聪明才智和吃苦耐劳的精神。

大禹为了治理洪水，长年在外与民众一起奋战，置个人利益于不顾，据说曾三过家门而不入。第一次大禹路过家门口，妻子刚刚生下儿子没几天，屋里还传来婴儿的啼哭声，他顿时有了见儿子的冲动，但他怕延误治水，没有进家门看孩子一眼；第二次路过家门，听说儿子已经会叫父亲了，但当时工期紧张，他还是没有进家门；第三次路过家门口，10岁的儿子终于见到了父亲，也不认生，便使劲把大禹往家里拉。大禹抚摸着儿子的头，深情地说："儿子，理解父亲，治水工作还是很忙。"说完，毅然离开。大禹"三过家门而不入"的佳话，被人们千古传颂。

治水成功之后，大禹来到茅山（今浙江绍兴城郊），召集诸侯，论功行赏。后来，人们把茅山改名为会稽（kuài jī）山。再后来人们就在绍兴建造大禹陵。

我们了解了一个治水有功的大禹，你可知道一个跨越时代的大禹？这是怎么回事？原来，大禹因治水有功，当选了部落联盟首领。那时候，社会生产力又提高了，剩余产品也多了，财产私有的现象就更加明显了。大约前2070年，大禹建立了夏朝，这是我国历史上第一个奴隶制王朝。大禹也就从一个部落联盟首领变为奴隶制国家的国王。

大禹像

3. 灭夏建国商汤

商汤，又名成汤，是商朝的开国之君。

夏朝最后一个国王桀，是臭名昭著的暴君。夏桀的统治暴虐，他建造了很多豪华的宫殿，役使老百姓，强迫他们无休止地服劳役，人民怨声载道。桀的生活淫乱，经常把人当作坐骑。

桀统治时期，夏朝日益衰败。与之相反，黄河下游的商国却日益强大。当时商国的国君是商汤，他任用伊尹等人，团结周围小国和部落，趁机起兵攻夏。为此，他对广大商兵做了战前总动员。他慷慨激昂地说："大家都靠拢我，听我解释。夏桀恣意用尽众人的劳力，无休止地消耗夏朝的国力，普天下百姓们都痛恨地说：'夏桀你这个自封的太阳，什么时候能落下呀？我们情愿与你同归于尽。'夏桀既然这么坏，人民这么痛恨他，我决定：征伐他，消灭他。这是老天的旨意，是众望所归。你们愿不愿意追随我？"众人高呼："愿意！天意！灭夏！"这就是著名的《汤誓》。前1600年，商汤战胜夏桀，夏朝灭亡，商朝建立。

商汤是个识才之君。名臣伊尹，出身卑微，是汤王妃的陪嫁家奴。因为善于烹饪，引起商汤的关注，遂任用他为相，成为国家的最

桀把人当坐骑

商汤灭夏图

高执政大臣。伊尹又向商汤推荐了仲虺等出身不高但很有才华的人，商汤都委以灭夏的重任。为感谢汤的知遇之恩，他们都全力协助汤灭了夏桀，又协助汤建立起了商王朝。

商汤还是一个有作为的君主。灭夏做国君之后，他没有骄傲自满，而是和众大臣一起勤恳办事，做到"有功于民""服务于民"。他休养生息，关心百姓，人们都安居乐业，勤于生产，商朝很快强大起来。

商汤像

商汤也是个有德之君。有一次，汤和仲虺、伊尹到郊外山林游走，看见一个农夫正在张网捕捉飞鸟。这个人跪在地上对天拜了又拜，祷告到："求上天保佑，网已经四面挂好，从四方来的鸟兽，不管是天上飞的，地上跑的，都会被我一网打尽。"汤见此情境，感慨道："只有夏桀才能这样张网！你如此张网的话，就会把飞禽走兽都捉绝啊！实在太残忍了。"说完便把张挂的网撤掉三面，只留下一面。接着，商汤跪下祷告说："天上的飞禽，地下的走兽，想往左飞的就往左飞，想往右跑的就往右跑，不听话的就向网里钻吧！"说完起来对那个农夫和从人们说："对待禽兽也要有仁德之心，不能赶尽杀绝，不听天命的，还是少数，我们要捕捉的就是那些不听天命的。"仲虺和伊尹听了以后，都赞颂汤道："您真是一个有德之君。"农夫深受感动。这就是成语"网开三面"的由来。

4. 伐纣立国武王

一提起周武王建国，就难忘他的父亲周文王，也就是人们所说的姬昌。商朝最后一个国王商纣，是和夏桀齐名的大暴君。他在位期间，徭役繁重，生活奢侈，使用炮烙之刑，残酷镇压人民。

周文王像

举国上下，怨声载道。姬昌曾经被纣囚禁过，免禁回到周之后，便致力于周的发展壮大。他团结周围小国，被推荐为西部之长；他重用贤才，特别是重用钓鱼人姜尚；他重视农业生产，爱护百姓。周国在他的治理下，势力变得非常强大，可谓三分天下有其二。但他终身没有称王。其子武王伐商建国后，追称他为文王。周文王在中国历史上是一位明君贤人，被后世历代所称颂敬仰。他的主要功绩是为灭商做好了充分的准备。

说起周武王，人们自然就会想到他领导的牧野之战。

牧野之战，又称"武王伐纣"，是周武王率领联军与商朝军队在牧野进行的灭商决战。

牧野之战形势图

前1046年，周武王联合西边和南边的小国，抵达黄河南岸的孟津（今河南孟津东北）。周武王举行了誓师大会，他豪情万丈地说："俗话说，母鸡打鸣，是家中的大不幸。现在纣王只听信妇道人家。今天，我姬发（周武王的名）是执行上天的命令，讨伐纣的无道！大家团结一心，努力前行！"这样人心向周、商纣王孤立无援的形势已形成。接着，武王率领的联军，以闪电战的方式，直捣商都朝歌（今中国中部河南淇县），在牧野（今淇县以南卫河以北地区）展开激战。商军是由奴隶、平民等组成的，他们阵前倒戈，引领联军攻入朝歌。商纣眼看大势已去，只好自焚而死，商朝灭亡。周武王建立西周，定都镐京（今陕西西安）。

西周建立后不久，面对广阔的领土，周武王独具匠心，实行了对历史影响久远的分封制和宗法制，把政治制度与血缘关系有机地结合起来，成为维系统治阶级内部关系、加强奴隶主贵族世袭统治的工具。通过这两个制度，西周开发了边疆地区，巩固了统治，使周朝成为一个强盛的国家，达到了我国奴隶社会的顶峰。

周武王像

5. 史册永载秦始皇

在我国的封建帝王中，没有一个皇帝像秦始皇那样在有限的生命当中，做的事情那么多，所做的事情影响那么久远！也没有任何一个皇帝像他那样颇受争议。

秦始皇13岁即位，39岁完成统一大业。这26年间，他横扫六国，统一全国，结束了春秋战国的长期分裂局面。李白有诗称赞："秦王扫六合，虎视何雄哉。"他日理万机，治理国家，使秦国日益强大。他39岁称帝，49岁去世。这10年间，他创立的专制主义中央集权制，被历代统治者效仿完善，延续了2000多年。

他首称皇帝，从此以后，"皇帝"就成为中国封建社会最高统治者的称谓。

他建立郡县制，影响至今。

他统一货币，在全国范围内使用圆形方孔钱，影响至今。

他统一度量衡，又影响到今天。

他统一文字，将小篆定为全国的规范文字，这更有利于文化的传播。

秦始皇像

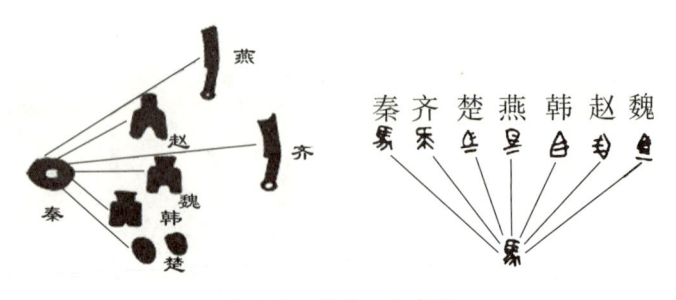

秦朝统一货币、文字图

他南征百越，修灵渠，为中原与岭南地区的经济文化交流提供了有利的条件。

现代灵渠图

他北击匈奴，修长城，安定了北方边界。汉初著名政论家贾谊称其"却匈奴七百余里，胡人不敢南下而牧马，士不敢弯弓而报怨"。

万里长城图

通过秦始皇的努力,秦朝疆域广大:东到东海,西到陇西,北至长城,南达南海,是当时世界上的大国。

秦朝之后,历代都批判秦始皇的残暴不仁,如焚书坑儒、大建阿房宫、修长城、造骊山墓、修兵马俑等。

秦始皇兵马俑图

当时一年役使300多万人;农民还要将三分之二的收获上交国家;秦朝的刑法更是残酷,"连坐""诛族"盛行。秦二世的统治更加残暴、黑暗。这样人们不得不"伐无道,诛暴秦"。

秦始皇背离了秦国崇尚节俭的传统,这是他的一大失误,也是导致秦朝短命而亡的原因之一。也正因如此,秦始皇的负面形象常出现在各类史料中。如贾谊在《过秦论》中就对秦始皇的行为进行了强烈批判。但西方人常把秦始皇与罗马帝王恺撒相提并论。

不管秦始皇的争议有多少,是非如何评判,但就他一生对中国历史发展所做的贡献来讲,他不愧为"千古一帝"!

6. 雄才大略汉武帝

汉武帝是得到毛泽东赞赏的皇帝之一。汉武帝刘彻(前156—前87)是汉朝第六代皇帝,景帝的儿子。他在位五十四年,在位时间较长,但活的岁数不大。

汉武帝当皇帝的时候,汉朝还得每年向匈奴进贡,与匈奴和亲。匈奴还占领了河套地区,并每年南下掠夺人口、财物。最可怕的是匈奴经常长驱直入,威胁汉朝的都城长安。

汉武帝像

刘邦时期分封的诸侯国，景帝在位时就已有相当的实力，他们的领土占国家土地一半以上。如汉武帝的叔叔梁王出行，千乘万骑，浩浩荡荡，很是威风，不亚于天子。

内忧外患条件下即位的汉武帝，面临着巨大的挑战。为了加强中央集权，他采取了一系列措施。

政治方面，在主父偃的建议下，他允许诸侯将封地分给子弟，建立更小的侯国。从此诸侯国越分越小。他还借机一次性削去了当时半数的诸侯国。这样，诸侯国再也没有力量对抗中央，解决了长期困扰中央的诸侯国问题。

军事方面，汉武帝派大将军卫青、霍去病率军出击匈奴。经漠北一战，收复了失地。从此，匈奴再也不能与西汉对抗，无力南下骚扰。

思想方面，他采纳董仲舒的建议，"罢黜百家，独尊儒术"，将儒家学说作为封建正统思想，加强思想统治。

文化方面，他在长安（今陕西西安）举办太学，推行儒家教育。他的尊儒兴学堪称是伟大的历史创举。

经济方面，他推行财政改革政策，将地方的盐铁经营权和铸币权收归中央，这大大增加了中央的财政收入。

民族关系方面，汉武帝派遣张骞出使西域，沟通了西汉与西域各国间的联系，为西域各国归汉和西汉疆域的拓展，打下了坚实的基础。

张骞出使西域图

对外关系方面，张骞出使西域后，开通了著名的"丝绸之路"。"丝绸之路"沟通了中外文明，加强了与中亚各国的联系。

汉武帝统治时期，实现了国家的大一统，西汉进入鼎盛时期，我国封建社会出现了第一个高峰，这充分展示了汉武帝敢于开拓进取的雄才大略，是可称道的。总之，汉武帝作为封建帝王，在其50多年的政治生涯中，有功也有过，但在中国历史上是一位杰出的人物。

7. 褒贬不一隋炀帝

隋炀帝（569—618），即杨广，隋朝的第二代皇帝，在位14年。

有人说，隋炀帝像秦始皇，做了许多对历史影响较大的事情，是"千古一帝"。但他相较于秦始皇又有所逊色。秦始皇是开国之君，建立了统一的多民族的封建国家，而隋炀帝却是亡国之君，葬送了前代开辟的良好局面。虽然隋炀帝杨广是一个荒淫的"富二代"，是个昏庸的亡国之君，但隋炀帝有两件事情可以和秦始皇比，即开凿了举世闻名的大运河（又称京杭大运河）和创办了影响古今中外的科举制。下面，我们主要来聊聊大运河。

大运河的开凿，用了10年的时间；连接了五大水系；北达涿郡（今北京），南至余杭（今浙江杭州），全长2000多公里，是古代最长的运河，和长城一样，是一项庞大的工程。

隋炀帝即位后，就下令开凿运河。至于说原因，有人说为了加强南北交通，巩固隋朝的统治；还有人说隋炀帝是专门为看扬州的琼花而下令开凿贯穿南北的大运河的。

我们再来看看科举制。

魏晋以来，官员的选拔大多来自各地的高门权贵。高门子弟无论品行好与坏，能力强与弱，都可以做官。至于许多出身低的人，即使

隋炀帝像

才华横溢，也不可以到中央和地方做官。

为了改变这种选官弊端，隋朝的开国皇帝隋文帝就开始采用分科考试的办法来选拔官员。隋炀帝时期正式设置进士科，考查参选者对时事的看法。按考试成绩，从高分到低分依次选拔各级官员，无论是谁，一视同仁。这样，门第不高的人，凭借自己的才学本事就可以做官。

科举制诞生后，不仅改善了以后各朝的用人制度，而且对以后的教育事业、唐诗的繁荣都有较大的影响。

科举制自古至今对我国影响很大。科举制影响着中国，也影响着世界。

8. 虚心纳谏唐太宗

唐太宗李世民（599—649），名字取意"济世安民"。

唐朝的第一位皇帝唐高祖李渊即位后，就封大儿子李建成为太子，二儿子李世民为秦王，四儿子李元吉为齐王。三人当中，当数李世民功劳最大。当年反隋朝晋阳起兵，是李世民的建议；在以后几次关键战斗中，李世民立的战功也最多。这些李建成都不如李世民，只因为他是高祖的大儿子，才取得太子的地位。

太子李建成知道自己的战功与威信都比不上李世民，心里既自卑又妒忌，就和弟弟齐王李元吉联合，一起排挤李世民。经过长期的斗争，双方的关系发展到大有你死我活的趋势，最终导致了玄武门兵变。李世民杀死了自己的长兄太子李建成和四弟齐王李元吉，获得了太子之位，不久又继承皇位，即唐太宗，年号贞观。

唐太宗参加过隋末农民战争，亲眼看见隋朝是怎样被百姓推翻的。即位

唐太宗像

后,他常常总结反思,认识到百姓力量的伟大,明白"水能载舟,亦能覆舟"的道理。基于这样的思想认识,在政治方面,他虚心纳谏,厉行俭约,轻徭薄赋,使百姓休养生息,其统治出现了"贞观之治"的大好局面。在民族关系方面,唐太宗实行开明的民族政策,各民族融洽相处,和同为一家,他被奉为各民族的"天可汗"(可汗是北方各族对君长的称呼,天可汗就是各族共同的可汗)。对外关系方面,他实行开放的对外政策,唐朝在世界上享有很高的声望,中国人在世界上被称为"唐人"。他还非常重视人才的培养与选拔。他大大扩充国学的规模,扩建学舍,增加学员,完善了科举制。用他自己的话说:"天下英雄,入吾彀(gòu)中矣。"意思是天下有才之士,都被我网罗啦!他不仅开创了著名的"贞观之治",而且为后来唐朝全盛时期"开元盛世"的出现奠定了重要基础。

唐太宗一生"功大过微,故业不堕"。他有个非常明显的特点,就是善于纳谏,这在古代帝王中是首屈一指的。我们不妨看个故事,从中体会唐太宗宽阔的胸怀。

有一次,唐太宗下诏书,打算把洛阳乾阳殿修饰一番作为行宫。这时,有一个叫张玄素的小官,在厅堂上痛批此举欠妥。他说,秦始皇修了阿房宫,秦朝不久倒了;楚灵王修了章华台,楚国散了;隋炀帝修了乾元殿,隋朝垮了。这些历史的教训引人深思。今天陛下没有继承前代帝王的优点,反而继承他们的缺点。若从这一点看,陛下的过失不亚于隋炀帝。张玄素竟敢把英明的唐太宗比作暴君隋炀帝,这还了得!所以,满朝文武都为张玄素捏了一把汗,个个目瞪口呆,鸦雀无声。可唐太宗并没有责罚张玄素,反而下令召见他,表扬他,还赏给他200匹绢。唐太宗最终收回了谕旨,停止重修乾阳殿。对此事一直关注的魏征,听到了这个完满的结局,颇为感慨地说:张公论事,大有回天之力,之所以有这个结果,这都得归功于有高尚道德的君子呀!这就是"回天之力"的故事,这充分说明了唐太宗纳谏如流。

张玄素进谏图

9. 一代女皇武则天

我国历史上不乏女政治家，如秦宣太后芈八子，清朝的孝庄等，但能当上皇帝的，唯有武则天！

武则天是我国历史上唯一的女皇帝，一生具有传奇色彩，从小就表现不一般。当年唐太宗派人到武家宣诏，封武则天为才人，即刻进宫。她的母亲杨氏听完，万般不舍，禁不住抱住十四岁的女儿失声痛哭。武则天却平静地安慰母亲说："母亲不必过分悲伤。在我看来，这不一定是件坏事呢。"母亲杨氏听女儿这样说，十分惊愕。武则天接着说："女儿此次进宫，只要事事留意观察，处处小心谨慎，好生伺候着皇上，肯定能博得皇上的欢心。到那时候，不但女儿会有享不尽的荣华富贵，还能光耀武家门庭，为母亲争光！"武则天慢条斯理地分析着，显得非常自信。

武则天当了皇后之后，在生活上对高宗照顾得无微不至。唐高宗本就体弱，后来又得了风眩病。所以，他经常把朝中大事，交由武则天打理。武则天借机重用许敬宗、李义府等人。然后，捏造罪名，处死了自己的反对派褚遂良、长孙无忌等老臣。这样，她在朝中的支持者日益增多，政权实已落入她的掌控之中。高宗李治即位后，每次高宗上朝，武则天都要垂帘听政。

垂帘听政虽然有实权，但这不是武则天的理想。从幕后转到幕前才是她的真实目的。唐高宗病死后，她所向披靡，一路向皇帝的宝座进军：她把自己的亲生儿子李弘、李贤、李显、李旦一个个拉下马，或者处死；追封自己的祖宗；将反对她的大臣降职或处死；将反对她的叛乱一一平息。690年，武则天自称"圣神皇帝"，改国号为"周"，成为我国历史上唯一的女皇帝。

武则天像

　　武则天当政期间，下功夫整顿吏治，办法就是鼓励告密。虽然被一些人钻了空子，但有一定的效果。一个叫周兴的酷吏，有人告发他谋反，武则天就派另一个酷吏来俊臣去审问他。来俊臣见到周兴，问他："犯人如果不招供，你有好办法吗？"周兴回答说："这容易。准备一口大瓮，用木炭架起来，在外面加热，把犯人放进瓮里，不信犯人不招。""好，太好了！"来俊臣夸奖着，立刻让人抬来一口大瓮，对周兴说，"现在有人告你谋反，罪不可恕！我奉旨审问你，请你钻到瓮里去吧！"周兴听后，吓得连忙叩头："我招，我招！"这就是"请君入瓮"故事的由来。

　　武则天爱惜人才，更善于选拔人才。骆宾王参加了反对武则天的叛军，并写了一篇檄文声讨她。武太后看了这篇骂她的文章很有文采，不但不生气，还笑了笑说："这文章写得不错呀，虽然有许多内容不是真的。这样的人才不用，我们君臣为什么要白白放过？要重用他。"她还破格提拔了许多有才之人，如后来的一代名臣姚崇等。

　　武则天还善于纳谏。她身边有一批能干的文臣武将，武则天很信服他们的话。有一次，武则天想建造一座大佛像。狄仁杰知道以后，觐见女皇，娓娓道来："现在一些佛寺，盖得比宫殿还华丽；和尚尼姑们经常变着花样勒索百姓，比有些官府还厉害。很多百姓辛辛苦苦干了一年还吃不饱,最后索性不干了,都去当和尚尼姑。这样下去,干活的人越来越少,吃白饭的和尚尼姑越来越多,对大周没有什么好处。殿下一向主张爱护百姓,建佛像的事,微臣建议就放弃吧。"武则天听了,感动地说:"你说得对!建佛像的事,立刻停下来吧!"

武则天继唐太宗之后,大力提倡科举。有一年,她将参加科举考试的人集中到洛阳宫殿,亲自出题面试。这是殿试的开始,也是现在面试的雏形。她还下令让各州每年选拔武艺好的人,进行骑射摔跤等项目的考试,称为"武举"。武则天是武举的创立者。

除此之外,武则天继续推行太宗时期发展农业生产等政策,促进了社会经济的飞速发展,使国力强盛,百姓安居乐业。人们将这一统治现状称为"政启开元,治宏贞观"。

704年,武则天得了重病。在大臣们的威逼下,她被迫传位给太子李显。李显登基,恢复了国号"唐"。不久,这位时年82岁的女皇孤独地死去。

10. 毁誉参半唐玄宗

唐玄宗李隆基活了77岁,在位44年,是唐朝在位最久的皇帝。他的庙号"玄宗",亦称为"唐明皇"。前期年号"开元",唐朝发展到历史的顶峰;后期年号"天宝",唐朝由盛而衰。

少年的唐玄宗多才多艺,仪表堂堂,胸有大志。在他七岁那年,朝堂举行祭祀仪式时,金吾大将军(掌管京城守卫的将军)武懿宗大声训斥护卫。李隆基喝道:"这里是我李家的朝堂,与你何干!竟敢如此训斥我家骑士护卫!"武则天得知十分惊讶,非但不责怪,还很欣赏这个不一般的孙儿。

唐玄宗像

成年的唐玄宗李隆基与太平公

主联手诛杀篡权的韦后。随后又将太平公主赐死,并执掌朝政大权。

他开创的开元盛世是唐朝的极盛之世。唐玄宗前期任用了姚崇、宋璟、张说、张九龄等贤相。唐玄宗眼光精准,能够根据时代需求来选拔贤才。

继任用姚崇为宰相后,唐玄宗又看中了为人耿直的宋璟。宋璟直言上谏、不徇私情,延续姚崇时期的良好制度。一次吏部选拔考试时,宋璟的远房叔叔宋元超作为考生对主考官说了其与宋璟的特殊关系,希望能予以照顾。宋璟得知后,非但没有对他格外照顾,甚至还特地关照吏部不得重用他。

唐玄宗注重发展经济,爱惜民力。在他的统治下,社会经济出现了一派生机勃勃的繁荣景象。诗人杜甫在《忆昔》中写道:"忆昔开元全盛日,小邑犹藏万家室。稻米流脂粟米白,公私仓廪俱丰实。九州道路无豺虎,远行不劳吉日出。"反映的就是开元时期的景象。人们称开元时期的统治为"开元盛世"。

另外,唐玄宗在勤俭节约方面也继承了唐太宗的优良传统,所以史书称开元时期"贞观之风,一时复振"。

737年,历史出现了转折。武惠妃病死,唐玄宗日夜寝食不安。听说儿子李瑁的妃子杨玉环美貌无双,就不顾伦理将她招进宫里,她就是后来有名的杨贵妃。

杨贵妃懂音律,还擅长歌舞,也很聪明,很得唐玄宗欢心。为了让她吃上新鲜的荔枝,唐玄宗特地下令开辟了从岭南到京城的千里贡道,以便荔枝能及时运至长安。诗人杜牧在《过华清宫》一诗中所描写的就是这件事情:"长安回望绣成堆,山顶千

杨贵妃像

门次第开。一骑红尘妃子笑,无人知是荔枝来。"唐玄宗后期宠爱杨贵妃,不思国事;宠信李林甫、杨国忠等奸臣,最后发生了"安史之乱",为唐朝衰落埋下伏笔。

755年,身兼三地节度使的安禄山趁唐朝内部空虚政治腐败,以"忧国之危"为名发动叛乱,一年后占领长安。长安陷落前,唐玄宗出逃至马嵬坡(陕西兴平西),随行将士发生哗变,诛杀杨国忠,又逼迫唐玄宗缢死杨贵妃,唐玄宗无奈照办。这就是马嵬坡之变。晚年的唐玄宗忧郁寡欢,于762年驾崩。

11. 黄袍加身宋太祖

宋太祖就是赵匡胤(927—976),宋朝开国皇帝,在位16年。

毛泽东在《沁园春·雪》中提到了我国古代五位杰出的政治家:秦始皇、汉武帝、唐太宗、宋太祖、成吉思汗,认为他们都是中国古代有所作为的封建帝王。宋太祖能够和秦始皇等比肩,主要是结束了五代十国的分裂局面,开创一个长达数百年的朝代。这是宋太祖对历史最伟大的贡献!宋太祖赵匡胤之所以能够称得上一代名帝,除了其伟大功绩外,他的人格魅力和统治艺术也是可以称道的。

赵匡胤之所以为人称道,主要原因是:

其一,黄袍加身。

"江山代有才人出,各领风骚数百年。"从"安史之乱"到陈桥驿兵变的二百年间,中原广大地区藩镇割据,战乱不休,朝代更替频繁,经济凋敝,一片荒凉,人民饱尝了战乱的苦难。所以,结束战乱,发展生产,安居乐业,是人心所向。后周名将赵匡胤,英勇善

宋太祖像

战，军功卓著，深受将士们的拥护。960年，赵匡胤率兵北征，抵御北辽，走到陈桥驿（今河南新乡）休息。这时，其手下将士将一件黄袍披在他身上，跪地坐拜，高呼"万岁"，拥立他做皇帝，史称"陈桥兵变""黄袍加身"。赵匡胤就这样神奇地兵不血刃地做了皇帝，国号为宋，以开封为都城，史称北宋。

宋太祖黄袍加身图

其二，杯酒释兵权。

赵匡胤虽已即位，但不敢高枕无忧。这次兵变，让他深刻地认识到，在废帝、改朝等方面，武将们起着很大的作用。为了防患于未然，赵匡胤就导演了一出"杯酒释兵权"的喜剧。有一次赵匡胤请石守信等几个兵权在握的老将喝酒。酒喝到最畅快的时候，赵匡胤开口道："要不是你们大力相助，我绝不会有今天，感谢诸位爱卿。可当了皇帝后，却总觉得不如以前快乐，从来就没睡过安稳觉！"石守信等人忙问："大事已定，谁还敢有二心，陛下为什么这么说？"赵匡胤答道："人谁不想富贵？如果有一天，你们的部下贪图富贵，也把黄袍加在你们身上，能由得了你们？谁不想做皇帝。"石守信等人方才明白话中意，都恐慌跪下，谢罪说："我们太愚笨了，不曾想到这件事，请陛下给我们指条路。"赵匡胤说："人生苦短，你们不如多积攒金银财宝，回家享受人生。我们君臣之间，也不用相互猜忌，你们也能安享晚年，有个美好的结局，多好！"石守信等人只能说："陛下替我们想得太周到了，我们真是死而复生！"第二天，石守信等人都称病辞职，交出兵权，赵匡胤全都答应，从而解除了朝中大将的兵权。杯酒释兵权，彻底改变了五代以来武将权力过大，导致经常改朝换代的局面。后来，赵匡胤又陆续将地方的财权、军权、政权收归中央，大大加强了中央集权。

杯酒释兵权图

赵匡胤利用美酒轻松而艺术地解决了大将专军权的难题，为后人所称道。这与汉高祖和明太祖当皇帝后，忘恩负义大肆杀戮功臣的行为比较，高明多了，是宽和、艺术的典范。而陈桥兵变，兵不血刃地登上皇位，也没有对后周皇室大加诛杀，这又是何等仁厚！

赵匡胤虽然没有完成统一全国大业，但他是个睿智的明君。

12. 一代天骄成吉思汗

成吉思汗，名铁木真，在位21年。成吉思汗是蒙古族对他的尊称，成吉思，意为"四海"或"强大"；汗，是古代蒙古族对君主的称呼。

12世纪的蒙古高原上，各部落之间混战不已。困苦的铁木真就出生在这个动乱的年代。其母月伦领着铁木真兄弟几人度过数年艰难生

活。少年时期的特殊经历，让铁木真养成了坚毅勇敢的品质。同时，他还遗传了父亲在军事政治等方面的基因。成年后的铁木真在与其他部落的战争中，凭着非凡的智慧，渐渐摆脱了从属地位。通过多年的征战，他成为蒙古草原最大的统治者，统一了蒙古草原，建立了蒙古国。

成吉思汗像

成吉思汗建立蒙古国之后，率领他的儿子们开始了西征的伟大征程，建立了四大汗国，分别是钦察汗国（也称金帐汗国）、察合台汗国、窝阔台汗国和伊尔汗国。

钦察汗国，成吉思汗长子术赤的封地，主要辖区是东起额尔齐斯河，西至多瑙河，南至高加索山的地区。

察合台汗国，成吉思汗次子察合台封地，主要辖区在天山南北。

窝阔台汗国，成吉思汗第三子窝阔台的封地，主要辖区是额尔齐斯河上游和巴尔喀什湖以东地区。

伊尔汗国，又称伊利汗国，成吉思汗孙子旭烈兀于西征后建立，是西临地中海，东滨阿姆河，北界里海、黑海、高加索，南至波斯湾的大国。

通过西征，成吉思汗和他的子孙后代建立了横跨欧亚大陆的强大帝国，总面积达三千万平方公里，相当于3个苏联的面积。这个帝国的建立，打通了东西方闭塞的通道，使东西方经济等出现了大交流，促进了世界的大发展。

成吉思汗一生的活动，足迹踏遍蒙古、中国，乃至欧亚。成吉思汗是蒙古的民族英雄，是中华民族的伟人，也是世界的巨人！数风流人物，还是一代天骄！

"我一旦得到贤士和能人，就让他们紧随我，不让他们远去"，这说明他善于招才纳贤。"装得下，世界就是你的。"由此人们看出他的心胸有多开阔。

毛泽东曾说，成吉思汗是一代天骄；军事家说，他是战神；政治家说，他是世界皇帝。的确，成吉思汗，秦皇汉武无法比肩；成吉思汗，亚历山大、拿破仑无法匹敌；成吉思汗，业绩前无古人，后无来者。

13. 首创行省元世祖

元世祖忽必烈，成吉思汗的孙子，元朝的开国皇帝，在位34年。

忽必烈继汗位的时候，蒙古军队已经灭掉了西夏和金，对南宋形成包围之势。1271年，忽必烈改国号为元，定都大都（今北京），庙号元世祖。1276年，元灭南宋。

元世祖像

1279年，元世祖统一全国，结束了辽宋时期几百年的分裂局面。元朝是中国历史上第一个由少数民族统治全国的王朝，中国疆域的规模由此初步奠定。

元世祖特别重视农业，这对于一个少数民族首领来说，很可贵，

元朝疆域图

也很难得。他屡次下令禁止蒙古贵族为了开拓牧场而圈占农田；他下令治理黄河，兴修水利工程；他还推广种植棉花的技术。这些做法使北方的农业得以恢复发展。

元世祖还开运河，辟海运。南宋时期，我国经济重心南移完毕。为了便利南粮北运，元世祖下令在隋朝运河的基础上，开辟两段新运河（山东境内东平到临清的会通河；河北境内通州到大都的通惠河），后来又把隋朝运河截弯取直，使粮船可以从杭州直达大都。他还开辟了从刘家港（今江苏太仓）出发到大都规模空前的运河，真正解决了粮食运输的问题。

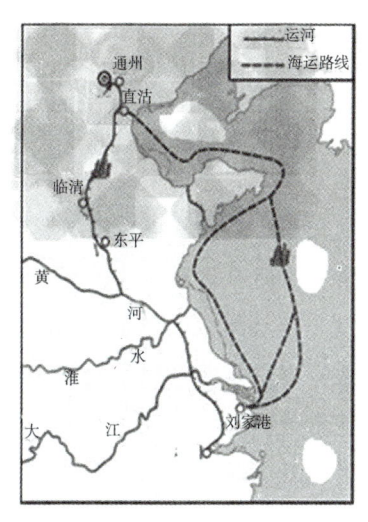

元朝的运河和海运航线图

元世祖设行省，统辖全国。元朝的疆域空前辽阔。为了加强对全国的统治，元世祖实行了行省制度，在中央设中书省，在地方设行省。所以，我国省级行政区的设立始于元朝，影响至今。

元世祖设机构，管西藏。他在位期间，特设宣政院，专掌全国佛教事务和藏族地区军政事务。自此，西藏成为元朝的正式行政区域，这在历史上是首次，西藏从此成为祖国领土不可分割的一部分。

14. 加强君权明太祖

朱元璋是明朝的开国皇帝。他原名朱重八，因出生于八月初八而得名。他是继汉高帝刘邦以来第二位平民出身的君主。朱元璋出生在一个普通农民的家庭。他放过牛，因为瘟疫、饥饿等原因，还出家当过和尚，后来参加了农民起义军。他在位期间树立了明朝君权至上的典型。廷杖大臣、废丞相、设锦衣卫、大杀功臣等是他的杰作。关于朱元璋的传说甚多，他是中国历史上最富传奇也最具争议的皇帝之一。

明初，朱元璋开始改革，废除元朝的行省制，重点是废除丞相制。丞相制是大名鼎鼎的秦始皇创立的,后代各个皇帝均采用,可朱元璋为什么要废除它呢?丞相一人之下,万人之上,位高权重,这极大地威胁到了朱元璋的皇权。当时的丞相是胡惟庸,他的势力很大,相权与皇权出现了矛盾。而且胡惟庸日益骄横,懈怠政事。有一次,丞相胡惟庸称其旧宅井里涌出有祥瑞之兆的醴泉,邀请朱元璋前来观赏。朱元璋好奇前往,走到西华门时,太监不敢继续往前走,惊恐得说不出话来,只好拼命指向胡家示意朱元璋。朱元璋意识到事态严重,立即返回宫城。他登高远望,只见胡惟庸家墙道都藏有士兵。朱元璋大怒,以"枉法诬贤"等罪名,当即处死了胡惟庸。同时,开国功臣李善长等元勋皆受株连,三万余人致死,历史上称之为"胡惟庸案"。接着朱元璋就废除了丞相这个职位,结束了中国自秦朝以来实行了一千多年的丞相制度。清除了权臣之后,全国的军政大权都集中到了皇帝手里。

朱元璋授权侍卫亲军建立锦衣卫,对臣民进行监察。锦衣卫由皇帝直接掌握,不受法律的约束,成为特务机构。明朝特务的足迹,遍布京城内外,无孔不入。

廷杖是明朝朝堂上的惯用刑罚。廷杖就是皇帝在朝堂或在宫门对大臣予以杖责。封建时代,皇帝具有至高无上的权威,他对大臣,就如对待儿子,稍不如意,就随时行杖打人。廷杖在前代也有,但在明代,廷杖成为惯例,其次数之多,手段之狠,为历史罕见。被廷杖的朝臣受刑的惨状,实在触目惊心。

朱元璋从一个放牛娃成长为封建帝王,与他个人的素质和努力分不开,与和他一起打天下的开国元勋更分不开。可是他和刘邦一样,在治理天下的时候,却大肆杀戮帮

明太祖像

助他打天下的大臣。明代开国功臣中，除了汤和等寥寥几人幸免于难，大多数人都不得善终。常遇春是个例外，病故早亡，躲过一劫。这不能不说是朱元璋的悲哀。

15. 迁都北京明成祖

明成祖朱棣，明朝的第三代皇帝，年号永乐。

明成祖很像唐太宗，二人都是通过政变而当上皇帝的；当皇帝后，二人都努力作为，成为我国历史上著名的政治家。

明太祖朱元璋做皇帝后，效法刘邦，把儿孙分封到各地做藩王，借以维护明朝江山。第二代皇帝建文帝（明太祖的孙子）看到藩王势力日益膨胀，威胁了自己的统治，下令削藩。他先削那些力量较小的藩王，之后，又把矛头指向了明太祖第四子燕王朱棣。在这种情况下，燕王朱棣就打出"靖难"（平定祸难）的旗号，起兵反对建文帝，史称"靖难之役"，又称"靖难之变"。靖难之变以朱棣的胜利告终。

明成祖当上皇帝做的第一件事就是迁都北京。其实，早在明太祖的时候，就有迁都的打算。靖难之役后，有的大臣上书，说北平有龙兴之势，立北平作都城最好。明成祖快马加鞭，改北平为北京，大力擢升北京的地位；同时迁居人民并委派官员以充实北京；后又下诏兴建北京皇宫和城垣（现在的北京故宫）；在北京附近修建长陵，将自己的陵墓修在北京而不是南京，以此证明迁都的决心。1421年，为了加强中央对北方的控制，明太祖迁都北京。

此外，明成祖在强化君权方面学习他的父亲朱元璋，很有力度，采取了一系列措施，如增设特务机构东厂，使君主专制高度强化。另外继续实行削藩政策，加强中央集权。

还有一个大事也是明成祖做

明成祖像

的。为了加强同海外各国的联系，明成祖派郑和下西洋，前后七次，到达亚非三十多个国家和地区，最远到达红海沿岸和非洲东海岸，这比欧洲新航路的开辟早了半个多世纪。郑和下西洋促进了中国和亚非各国的经济交流，增进了各国人民的友谊。

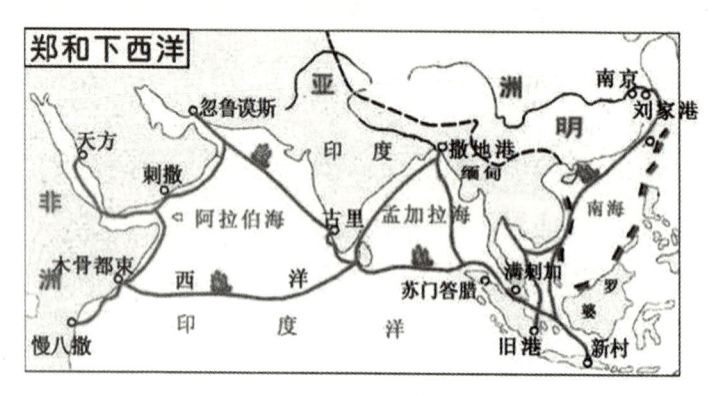

郑和下西洋路线图

明成祖还善于文化的整理与传播。他统治年间，下令编撰百科全书式的文献集《永乐大典》，这一古代文化宝库汇集了古今图书七八千种。

靖难之役、迁都北京、强化君权、派郑和下西洋、编纂图书是明成祖的五大标签。他是我国古代一位有作为的皇帝。

16. 盛世大帝康熙帝

清圣祖，年号康熙，名字玄烨，在位61年，是我国在位时间最长的皇帝。他是清军入关后的第二位皇帝，即位时才八岁，十四岁亲政。他统治时期，是清朝发展最快的一段时期。

康熙帝一生多有作为：除鳌拜，掌握实权；平三藩，巩固统一；收台湾，加强海防；反击侵略，划定边界；册封班禅，管理西藏；兴文字狱，控制思想。康熙对数学、天文、历法、物理、生物、外语、工程技术等自然科学，无一不懂。

这里介绍康熙大帝的三件作为。

第一，收复台湾，加强海防。

1624年，荷兰殖民者侵占了我国的台湾。1662年，郑成功收复台湾。为了使台湾不再落入外国人之手，1683年，康熙帝以极大的气魄，命清军入驻台湾。1684年，康熙帝设台湾府，隶属福建省，从而巩固了祖国的东南海防，加强了台湾同祖国内地的联系。

康熙帝亲政像

第二，反击侵略，划定边界。

17世纪中期，沙俄势力侵扰我国黑龙江流域。几次交涉未果后，康熙帝御驾亲征，两次在雅克萨与沙俄侵略者进行战斗，使沙俄被迫同意通过谈判解决两国边界问题。1689年，《尼布楚条约》签订，划定中俄边界。

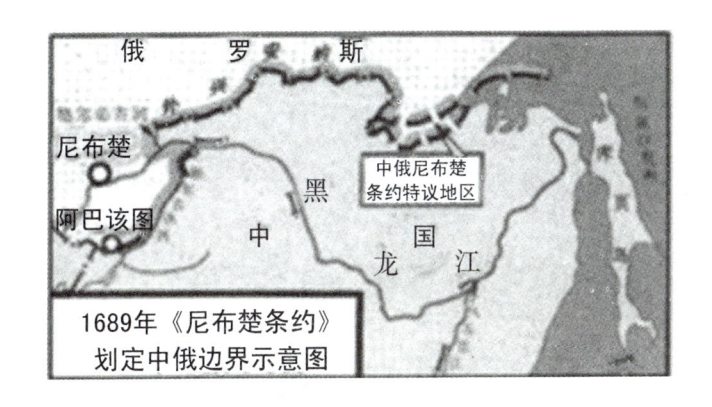

1689年《尼布楚条约》划定中俄边界示意图

第三，兴文字狱，控制思想。

和中国历史上的其他皇帝一样，康熙帝不是没有瑕疵的，大兴文字狱就是他的一大败笔。为了强化君主集权，康熙帝从思想领域严密控制知识分子，从其诗词文章中摘取字句，罗织成罪，人们称这种做法为"文字狱"。后来的雍正帝、乾隆帝继续实行文字狱，而且更加恶劣。这造成了社会恐慌，严重阻碍了社会的发展。

清朝12位皇帝，康熙帝是第四帝，是入关后的第二帝，他的所作所为为康乾盛世的出现奠定了雄厚的基础。

17. 承上启下雍正帝

雍正帝，庙号清世宗，名字爱新觉罗·胤禛（yìn zhēn）。他是清朝第五位皇帝，入关后第三位皇帝，清圣祖康熙帝第四子，1722年至1735年在位，年号雍正。

康熙帝像

雍正在位时期一系列铁腕改革政策，对康乾盛世的出现起了关键性作用。

青年时期的雍正善于治国，懂得韬光养晦，谦称为"天下第一闲人"。他与兄弟和睦相处；与年羹尧和隆科多等军政大臣交往密切；对父亲康熙帝诚孝，曾经画西藏于版图，赢得康熙帝的信赖。

康熙六十一年（1722年），康熙帝病逝，胤禛继承了皇位，次年改年号雍正。

设军机处是雍正帝的大手笔。为了加强皇权，顺治帝、康熙帝都尝试过此举，但并未解决根本问题。雍正七年，设置军机房，选拔内阁中严谨的人入军机处，做辅佐皇帝处理政务的军机大臣。军机大臣由皇帝亲选，直接听命于皇帝，并在皇帝的监督下进行相关活动，严格执行皇帝的意图，不得表达自己的见解。可见，军机处便利了君主的专制独裁，所以军机处设立后，便被皇

雍正帝像

帝严格把控，其职权也越来越大。雍正帝是真正的集权力于一身，总揽天下事务。其权力与大搞君主权力于一身的明太祖是没法比拟的，更是其他帝王没法与之相比的。军机处的设立是清代中枢机构的重大变革，标志着清代君主集权发展到了顶点。

清朝军机处图

秘密立储是雍正帝的独到之处。康熙帝一生功绩卓著，所做事情大都功成名就，但在立储方面不尽如人意。鉴于康熙预立太子失误一事，雍正帝于雍正元年宣布密建储位法，即将雍正御笔《夏日泛舟诗》轴与写好的继承人弘历的名字，一起放入匣中，并将其放置乾清宫"正大光明"匾后，他驾崩后由专人取出宣读。另外又拟密旨藏于内府，以备核对。这一立储方法，避免了皇子为夺帝位而引起的争端，防止了亲兄弟之间流血事件的发生，所以后世几代都效仿，也使皇位继承办法制度化、规范化。

有人这样概括康熙、雍正的统治风格："圣祖政尚宽仁，世宗以严明继之"。雍正即位之初写的一副对联"惟以一人治天下，岂为天下奉一人"，就是对他君权至上思想的表露，是他真正的为君之道。

历史学家杨珍评价：雍正帝在位虽然只有13年，但他通过一系列大力改革，迅速扭转了康熙晚年沉疴积弊的社会局面，为康乾盛世进入鼎盛时期奠定了基础，并使社会政治、经济、文化达到巅峰状态。从康熙到乾隆的百年历史中，雍正帝起着承前启后的作用。他在位时

间虽短，但建树政绩并不逊色于其他历史名君。

清朝乾清宫图

18. 康乾盛世在乾隆

乾隆帝，爱新觉罗·弘历，是雍正帝第四子，清朝第六位皇帝。乾隆享年88岁，在位60年，外加退位后做太上皇的三年，实际掌权时间长达63年，是中国历史上年寿最高、执政时间最长的皇帝。

乾隆帝弘历自幼聪明伶俐，五岁开始正式跟师傅学习，经常出口成章。据说康熙帝在雍亲王（后来的雍正帝）府第一次见到孙子弘历，一下子就喜爱上了当时才十岁的弘历，特令养育在宫中，并亲授书课，这一待遇是非常少见的。

乾隆帝对文化事业的重视和功绩在清朝的皇帝中是首屈一指的。

乾隆统治期间，各种官修书籍达100余种。顺治帝年间开始编撰的《明史》和康熙时就下令开

乾隆帝像

始编写的《大清一统志》,以及《续文献通考》《皇朝文献通考》《大清会典》等历史、制度方面的书籍得以编撰完成;除此之外,文字音韵、文学、地理、农学、医学、天文历法等方面的书籍也都有涉及。其中,成就最大的是乾隆亲自倡

《四库全书》图

导并编成了大型文献丛书《四库全书》。此书共收录古籍3 503种,79 337卷,装订成36 000余册,保存了大量古典文献,既是中国古代最大的一部官修书,也是中国古代最大的一部丛书。

乾隆帝为巩固多民族国家的发展做出了贡献。乾隆时期,维吾尔族上层贵族大小和卓发动反清叛乱,并建立割据政权。他们奸淫掳掠,激起人民的强烈不满。针对这一局面,乾隆帝下令调兵讨伐。清军在维吾尔等族人民的支持下平定了大小和卓分裂祖国的叛乱。然后,设置伊犁将军,管辖包括巴尔喀什湖在内的整个新疆地区。乾隆帝还妥善安置了反对沙俄民族压迫毅然回归祖国的土尔扈特部。

乾隆帝六次下江南也为人们所称道。乾隆下江南之举是效仿康熙,其目的之一是为了了解民情,获得统治的第一手资料。其二是为了加强清朝政权与江南地主士绅的联系。江南经济发达,大清帝国财源多来于此。为了巩固统治,康、乾两帝都以下江南的形式来加强与江南地主士绅的联系。其三是为了河工(水利工程)。康熙时期主要治理黄河。乾隆时除了视察黄河大坝,还视察江南的其他水利工程。乾隆帝说:"南巡之事,莫大于河工。"不可否认的是,乾隆下江南之举,和康熙相比,其游乐成分很大。康熙帝六次南巡都是轻车简从,而乾隆帝则是前呼后拥,张灯结彩。南巡沿途官员们进献山珍海味,还要从全国各地运来许多特色饮食,比如所饮用的泉水,就是从北京、济南等地远道运送过去的。

乾隆帝下江南图

"文字狱"在乾隆时期愈演愈烈。为加强思想统治,乾隆帝大搞文字狱,制造文字狱多达130桩,占整个清朝文字狱总数的80%,其中47桩案例中的案犯被处死刑。胡中藻《坚磨生诗抄》案就是发生在乾隆时期的文字狱大案。

乾隆帝时期的闭关锁国政策导致清王朝日渐衰微。明朝太祖年间,严格禁止人民"与外洋番人贸易"。这种政策,当时称为"海禁"。乾隆前期,清政府又加强限制对外贸易,下令关闭除广州以外的其他通商口岸,并且实行严格约束外国商人的条例和章程,这便是所谓的"闭关锁国"政策。乾隆帝致英国国王乔治三世信函中有这样一句话:"天朝物产丰盛,无所不有,原不借外夷货物以通有无。"这句话的意思是,大清帝国物产丰富,什么都有,根本不需要借助你们的货物来交易。可见,乾隆帝思想顽固落后,有夜郎自大的心态。历史证明,闭关锁国政策严重阻碍了我国与世界各地的沟通,和向世界各国学习先进文化和科学技术的前进步伐,这是造成中国社会落后挨打的总根源。

广州十三行图

三 制度之窗

1. 禅让制

中学课本对什么是禅让制作了这样的叙述：尧年老时，征求各部落首领的意见，推举舜做他的继承人。舜年老后，采取同样的办法把职位让给治水有功的禹。这种推选部落联盟首领的办法，叫作禅让制。这说明那个时期，部落之间联合的趋势愈加明显，各部落不再通过战争的方式来夺取部落首领，维持了相对的和平。又说明推举继承人的基本原则是选贤任能，比较公平。还说明禅让制所谓的民主，只是部落首领之间的民主，而不是部落成员之间的民主。

综上所述，禅让制是以贤能为标准，在相对民主的前提下，选拔部落联盟首领的办法。这是原始社会向奴隶社会过渡的信号。启继承了禹的王位，意味着禅让制的终结。

古代希腊雅典的民主政治虽然透明、公平，但时间远远落后于中国。

禅让制具有民选部落首领的色彩。这是中国人的智慧与光荣，几千年来都受到好评和推崇，孔子就把禅让制称为"大道"。

当今社会，我们学习、理解、应用禅让制，有利于国家吏治的清明，有利于选拔有才能的人来治理国家。用人要发扬民主、公平选举，任人唯贤是当今社会发展的需要，可以在一定程度上避免裙带关系盘根错节的乱象。

2. 世袭制

世袭制就是指帝王世世代代沿袭的一种制度。帝王位、爵位、土地、土地上的一切财产，都可以沿袭。这一制度以"家天下"为准则，以血缘为纽带，以嫡长子继承制为前提。通常有父死子继和兄终弟继两种方式，奴隶社会、封建社会都实行这样一种制度。世袭制开始于奴隶制的夏朝，始作俑者是夏启，结束于封建制的清朝。

王位世袭制的实行，带来许多弊病。首先，传子不传贤，任人唯亲，极端专制集权，腐化堕落等，不利于统治基础的扩大，当然也不利于社会的安定与发展。其次，不可避免地会发生争权夺利。纵观两千多年的封建社会，争夺帝位、王位的事件数不胜数，子杀父、弟杀兄的情况屡见不鲜。再次，王位世袭制易导致继位者腐化堕落。这是因为通过王位世袭制得来的王位（帝位）相对而言较容易，继位者继位之后，不知珍惜，大多不会励精图治，反而抓紧时间享受，争分夺秒地挥霍。

隋唐时期建立和完善的科举制，作为一项竞争择优的考试选官制度，使得选官世袭制在唐宋时期受到遏制，却不能从根本上根除世袭制这一顽疾。所以世袭制是中国社会长期动乱不止和腐败蔓延的最主要原因，它到清末消亡，也是历史发展与进步的必然。

3. 宗法制

宗法制度在夏朝确立，在商朝进一步发展，到周朝得以完备。后来的各封建王朝均对这一制度进行继承并使用，逐渐建立了由政权、族权、神权、夫权组成的影响巨大的封建宗法制。按照周代的宗法制度，宗族中分为大宗和小宗。周王自称天子，为天下的大宗。天子的儿子除嫡长子以外，其他儿子被封为诸侯。对天子而言诸侯是小宗，在他的封国内却是大宗。诸侯的儿子除嫡长子外，其他儿子被分封为卿大夫。对诸侯而言卿大夫是小宗，在他的采邑内却是大宗。从卿大夫到士以此类推。贵族的嫡长子总是不同等级的大宗（宗子）。大宗不仅享有对宗族成员的统治权，而且享有政治上的特权。由此可见，宗法制的核心是嫡长子继承制。宗法制度是王族贵族按血缘关系分配国家权力，以便建立世袭统治的一种制度。其特点是宗族组织和国家组织合二为一，宗法等级和政治等级完全一致，与分封制是里与表的关系。

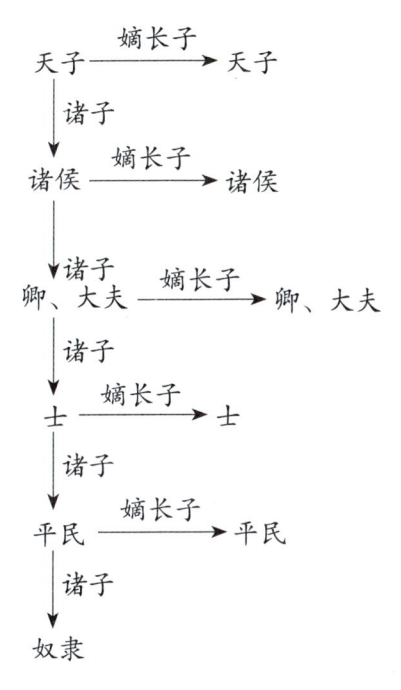

```
天子 ──嫡长子──→ 天子
 │
 │诸子
 ↓
诸侯 ──嫡长子──→ 诸侯
 │
 │诸子
 ↓
卿、大夫 ──嫡长子──→ 卿、大夫
 │
 │诸子
 ↓
士 ──嫡长子──→ 士
 │
 │诸子
 ↓
平民 ──嫡长子──→ 平民
 │
 │诸子
 ↓
奴隶
```

宗法制的嫡长子继承制示意图

4. 分封制（分土封侯制）

西周是我国奴隶社会的鼎盛时期。其统治者为了加强统治、开发边远地区而实行了分封制。

周王把土地、平民、奴隶分给同姓王室贵族、异姓功臣贵族、先代帝王后裔和边远氏族部落首领，封他们到各地做诸侯，这就是分封制。诸侯必须服从周王的命令，向周天子尽义务，交纳贡品，镇守疆土，战时带兵随从周王作战。另外，还可以逐层封授。诸侯可以在自己的封疆内对卿大夫实行再分封，卿大夫又可以对士实行再分封。据说，西周时期总计分封了71个诸侯国，其中兄弟之国15个，同姓之国40余个。

分封制示意图

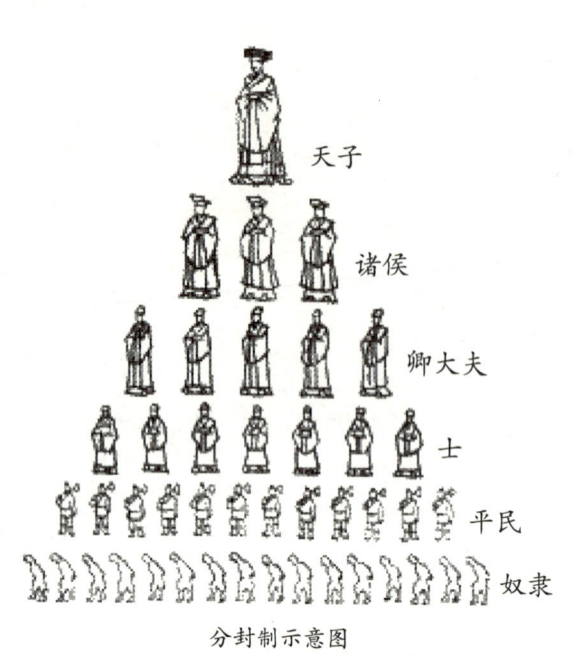

　　西周时期，周王处于至高无上的地位，是最高统治者。分封制加强了人们天下共主的观念；大大扩展了华夏民族的统治地域，开发了边疆，捍卫了中央。可是到了春秋时期，周王的荒诞，诸侯国实力的强大，使分封制遭到破坏；到秦朝时候，地方上开始实行郡县制，完全取代了分封制。当然，自秦朝以后，分封制并没有完全绝迹，一些朝代如西汉、明朝，都实行过郡县制与分封制并存的制度。这种历史的倒退，受到了应有的惩罚，汉、明两朝都无一例外地发生了诸侯王的叛乱，直接威胁到中央集权统治甚至国家的安定统一。所以历代统治者不断从历史上的诸侯叛乱中吸取教训，认识到不能分权，只有集权才能保证国家的统一和稳定，尤其是对于疆域辽阔的国家。

　　今天，我们仍然能看到分封制的痕迹。如山东的简称是鲁，山东又叫"齐鲁"；山西的简称是晋等，这都源于分封制。

5. 郡县制

　　郡县制是一种地方行政制度，是秦始皇建立的专制主义中央集权制在地方政权上的体现。郡县制规定，国君直接任免郡守和县令，职位不得世袭；郡守和县令秉承国君的意旨行事，遵照国家的法令，代表中央对地方行使职权。

郡县制在春秋时期就确立了，战国末期各诸侯国设置比较普遍，秦朝时在全国推行。

因为郡县制符合专制皇权和国家统一的需求，所以得到了秦始皇的认可。他将全国分为三十六郡。后来随着郡治的调整以及边境的不断开发，增至四十余郡。

郡，是由中央政府管辖的地方行政单位，其组织机构与中央政府略同，设郡守、郡尉、郡监。郡以下设县或道。内地设县，边地少数民族地区设道。县是秦朝统治机构中关键的一级组织，是从中央到地方政府机构中具有相对独立性的一级单位。

郡县制的郡县与分封制的诸侯国一样，都是地方行政单位。但不同的是诸侯国的诸侯是世袭的，而郡县制的长官是皇帝直接任命的。

郡县制的设置，有利于多民族国家的巩固与发展，所以能长期存在；其影响很大，至今我国地方还有县级行政单位。

6. 专制主义中央集权制度

专制主义中央集权制是我国封建社会赖以生存发展的政治支柱，是中国古代政治制度的核心。其内容包括三层意思：

最高统治者，称皇帝，至高无上，总揽全国的政治、经济、军事等权力于一身。

中央政府，设丞相、太尉、御史大夫，分管行政、军事、监察，最后裁断权归皇帝所有。

地方，实行郡县制，郡下设县，郡守、县令都由皇帝直接任命。

专制主义中央集权制可以从两个方面来理解：

专制主义，对立面是民主，指一个人或少数几个人独裁的政权组织形式。它从决策到行使都具有独断性和随意性。主要特征是皇帝对国家事务具有专断独裁的特权。

中央集权，是相对于地方分权而言。其特点是地方政府必须严格服从中央政府的命令，受制于中央，在政治、经济、军事方面没有独立性。

专制主义中央集权制自秦朝确立，以后历代统治者不遗余力地巩固、完善和发展它，但万变不离其宗。

专制主义中央集权制用右面的图来表达，再明白不过了。

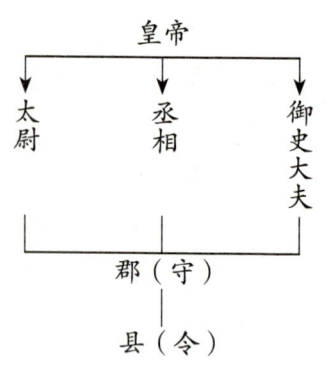

```
         皇帝
    ↓     ↓     ↓
   太尉   丞相   御史大夫
           │
         郡（守）
           │
         县（令）
```

专制主义中央集权制示意图

7. 九品中正制

九品中正制，又称九品官人法，由中央特定官员，按出身、品德等考核民间人才，分为九品录用。九品中正制是魏晋南北朝时期重要的选官制度，始于曹魏，完备于西晋，变化于南北朝，废除于隋唐，在中国古代政治制度史上占有十分重要的地位，存在四百年之久。

这一制度分三步进行。

首先设置中正。这是九品中正制的关键环节。中正，即中正官，职权主要是评议人物，掌管对某一地区人物进行品评。

其次品第人物。这是中正官的主要职责。中正按照家世、道德、才能这三个标准进行。然后再"行状"，即个人品行才能的总评，相当于品德评语。

再次确定品级。所评定的等级，共分为上上、上中、上下、中上、中中、中下、下上、下中、下下九品。定品原则上依据的是行状，家世只作参考。但晋以后完全以家世来定品级。于是就形成了当时"上品无寒门，下品无士族"的局面。

这种选官制度，埋没了人才，不利于社会的发展进步。

8. 三省六部制

秦始皇统一全国后，中央政府设丞相、太尉、御史大夫，分别管理行政、军事和监察。其中，丞相权力很大，是一人之下、万人之上的职位。西汉时期，为了限制丞相的权力，开始尝试在中央机构设立三省六部制，到隋朝时正式确立，唐朝进一步完善。三省是中书、门下、尚书。中书决策，门下审核，尚书执行，为中央最高中枢政务机构。其长官中书令、门下侍中、尚书令共分宰相之权。六部指尚书省下属的吏部、户部、礼部、兵部、刑部、工部，分掌各方面的政务及政令的贯彻执行，对地方机构有领导、监督之权。三省六部制用图表示如下：

三省六部制的实行，使三省之间既相互牵制，又各自独立，互为

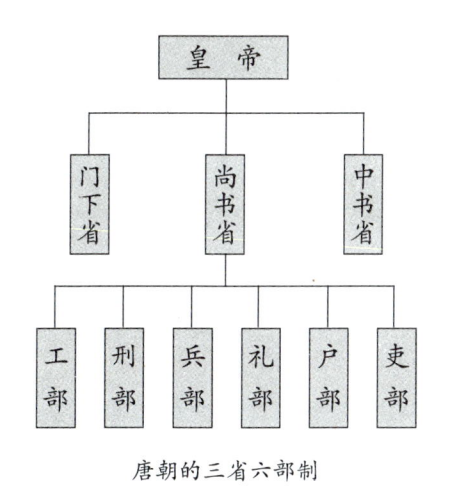

唐朝的三省六部制

补充，职责明确，提高了各部门的办事效率。同时，相权被分割，避免权臣专权现象的发生，有利于加强皇权。这种中央制度很像西方国家实行的三权分立，有民主的味道。

9. 科举制

科举制是通过考试选拔官吏的制度。科举制从隋朝开始，到清朝（1905年）废除，经历了1300多年。

科举制经历了这样的发展过程。

隋朝创立。隋炀帝时正式设置进士科，考核参选者对时事的看法，按考试成绩的前后进行录用。这标志着科举制的正式诞生。

唐朝完善。唐朝常设的科目很多，以明经（考时务策与经义）、

进士（进士考时务策和诗赋、文章）两科最重要。唐太宗、武则天、唐玄宗是创立和完善科举的关键人物。唐太宗重视人才的选拔和培养，他即位后，扩大了国学（国子监，是当时的最高学府）的规模。武则天也大力提倡科举，设殿试（皇帝对参考者进行面试）和武举（武艺）。唐玄宗时期，诗赋成为进士科主要的考试内容。

科举制通过进一步完善，改善了用人制度，扩大了统治基础，使一些有才华的一般人有机会进入各级政府任职。

明清演变。明朝时期，实行八股取士的科举制度，规定考试只许在"四书""五经"范围内命题，考生不得发挥自己的见解，只能根据指定的观点答题。答卷的文体，必须分成八个部分，称为"八股文"。这样录取的人，只会埋头读书，不讲求实际学问。清朝时，在康熙、雍正、乾隆三朝，经常从知识分子的诗词文章中摘取只言片语，加以歪曲理解，罗织罪状，制造了大批冤狱，人们称这种做法为"文字狱"。这造成了社会的恐怖，禁锢了思想，严重阻碍了中国社会的发展与进步。

清末废除。随着西方思想文化的传入和洋务运动的影响，1905年，科举制被废除。

英国大百科全书中说："我们所知道的最早的考试制度，是中国所采用的选举制度，乃其定期举行的考试。"孙中山也曾经说过："现在各国的考试制度，差不多都是学英国的。穷流溯源，英国的考试制度原来还是从我们中国学过去的。所以中国的考试制度就是世界上最古最好的选拔真才的制度。"可见，我国古代的科举制对世界的贡献。另外，我们现在实行的高考制度，就是科举制度的延伸发展。

10. 行省制

元朝的疆域是历代最辽阔的。为了对全国实行有效统治，元世祖在中央设中书省，地方设行中书省，简称行省，这就是行省制度。自此，地方政治制度进入了划省而治的时期。这一制度的设置，开始于元朝，明朝时候废除，清朝时候又设置，直到如今。

行省制的设置，达到了巩固统治的目的，同时也对后世的政治制度尤其是地方行政区划产生了深远的影响。

作为地方最高一级的政府机构，行省统领一方事务，既为中央收权，又替地方留有部分权力；对上要负责，对下有交代，承上启下，起桥梁作用。

行省制的确立，在政治方面巩固了国家统一，使中央集权在行政体制方面得到保证。这是中国行政制度的一大变革，对后世也有很大影响。

四 历史故事

1. 姜太公钓鱼

歇后语"姜太公钓鱼——愿者上钩"有好多人都知道,但姜太公的名字有一大堆,你可能就不大清楚了。太公姓姜名尚,所以他叫姜尚;字子牙,又名姜子牙;吕是姜子牙祖先的封地,再名吕尚;周文王的父亲太公季历在位的时候,就向往着姜尚这样的大贤人,所以人们尊称姜尚为"太公望";后来人们干脆把"太公望"的"望"省掉,把姜尚叫作姜太公。所以姜太公、姜尚、姜子牙、吕尚、太公望是同一个人。姜太公是远古时代炎帝的后代,是真正的大家望族!他更是辅佐周文王、周武王灭商的功臣。

歇后语"姜太公钓鱼——愿者上钩"大家是知道的,但具体怎么回事,还不一定清楚吧!姜太公钓鱼是商周时期,发生于姜太公与周文王之间的历史传说故事。姜太公曾宰过牛,卖过酒,但都亏了本,他不是做买卖的料。于是就隐居在陕西渭水边一个地方,整天钓鱼。这个地方是周文王统治的地区,他希望自己能引起周文王的注意,很想在政治方面建立功业。我们都知道,钓鱼都是用弯钩,上面挂有鱼愿意吃的饵食,然后把它沉

姜太公钓鱼图

在水里，诱骗鱼儿上钩。但太公的钓钩是直的，上面不挂鱼饵，也不沉到水里，有时候钓钩离水面三尺高。他一边将钓竿高高地举起，一边自言自语道："鱼儿呀，如果你们愿意的话，我等待你们上钩呀！"一天，有个打柴的来到溪边，见姜太公用直钩在水面上钓鱼，便对他说："老大爷，像你这样钓鱼，是不会钓到一条鱼的！"姜太公举了举钓竿，说："对你说实话吧！我不是为了钓到鱼，而是为了钓到人，大人物！"机会终于来了，有一次，周文王外出打猎，遇见了姜太公在钓鱼。周文王看眼前钓鱼人须发斑白，怎么也有七八十岁了，但精神矍铄；再看他钓鱼的方式很特别，仔细听听，只听他一边钓鱼，一边嘴里不断地唠叨："快上钩呀快上钩！愿意上钩的快来上钩呀！"文王看了很纳闷，就凑到老人跟前，和他攀谈起来。通过谈话，周文王发现姜尚不是一般人，而是一个目光远大、学问渊博的人。他上晓天文，下知地理，对政治、军事各方面都很有研究。特别是对于当时的政治形势，分析得很独到、很有道理。他还对周文王指出商朝的天下不会很长久了，应当有贤明的人举起大旗推翻它，建立一个新的朝廷，让老百姓能过上安居的生活。姜尚的话句句都中周文王的下怀。周文王心想我的理想就是要推翻商朝，正愁没有大能人辅佐我。而眼前的姜尚，不就是自己要寻访的大能人吗？于是周文王恳切地对姜尚说："我盼望您很久了，请您到我们那里去，帮助我们治理国家吧！"说完就叫手下人赶过车子来邀请姜尚和自己一同上车，回到都城去。

　　姜尚到了文王那里，先被立为国师，也就是最大的武将；后来升为国相，总管全国政治和军事。姜太公果然是栋梁之材，他帮助周文王整顿政治和军事，对内发展生产，使人民安居乐业；对外征服各部族，开拓疆土，削弱商朝的力量。周文王在姜尚的辅佐下，控制了当时三分之二的天下，为灭商奠定了基础。

　　这个故事演变成歇后语：姜太公钓鱼——愿者上钩。意思是：自愿进入别人设计好的圈套中。

2. 周公吐哺

周公旦，即周公，是为西周建立打下坚实基础的周文王的第四子，也是伐纣建西周的周武王的弟弟。周文王和周武王在世时，他协助筹划灭商大计，是文武二王得力的助手，西周得以建立的功臣。周武王死后，还是婴儿的周成王继位。这时的周公抚孤掌政，镇压叛乱，维护国家的安定和统一，任劳任怨；他又辅佐周成王建设国家，如修建雒邑，整治朝纲，发展生产，制定法律，以法治国，使一个千疮百孔的西周进入了繁荣发达的新时代。周公是文武二王接连去世后、承接历史使命的特殊人物。他具有非凡的政治和军事才干，为人诚实忠厚，一生鞠躬尽瘁，一向受到朝野上下的敬重。他对西周的功劳，他对中华民族的贡献，连同周公这个光辉的名字一起永载史册。

那么周公吐哺是怎么回事呢？

周武王实行分封制的时候，把鲁地封给了周公。周公为了当好武王的顾问，没有离开京畿（现在人们所说的中央），而是派自己的儿子伯禽前去管理。伯禽临行前，周公谆谆告诫他说："吾文王之子，武王之弟，成王之叔父，又相天下，我于天亦不轻矣。然我一沐三捉发，一饭三吐哺，起以待士，犹恐失天下之贤人。子之鲁，慎无以国骄人。"意思是，"我是大名鼎鼎的文王的儿子，也是伐纣建国的武王的弟弟，更是年幼成王的叔父，又当宰相，对于天下人来说我的地位也算很高了，可谓是一人之下万人之上。可是即使这样，我还常常会中断洗发，甚至多次吐出口中的饭，赶快出来迎接来访的客人。我这样兢兢业业，还唯恐辜负了天下人。希望你到了鲁国后，不要人前显威，不要以自己的地位骄人。"这就是"周公吐哺"这一故事的来历，又称"周公反哺"。人们常常用"周公吐哺"来形容礼贤下士。

周公像

3."国人暴动"

"国人暴动",又称彘(zhì)之乱、"国人起义",发生于前841年,地点是西周都城镐京(今陕西西安长安区西北)。"国人"就是居住在国都镐京的人,也就是平民。当时周厉王姬胡继位。那么为什么会发生这一事件呢?原因是这样的。

周厉王姬胡实行"专利政策",当时,不仅绝大部分耕地归周王和大小贵族所有,而且人们开荒、打猎、捕鱼等也要由天子直接控制。这样一来,人们一点活路都没有。

周都镐京的"国人"不满周厉王的专利政策,怨声载道。大臣召公进谏说:"民不堪命矣!"意思是人们已经受不了了,都在议论纷纷。周厉王不以为然,还命令专门人员监视"国人"的言行,禁止"国人"谈论国事,违者格杀勿论。这样一来,京城笼罩在一片恐怖气氛中。在周厉王的高压政策下,"国人"不敢在公开场合议论朝政。人们在路上碰到熟人,也不敢交谈打招呼,只能用眼色示意一下,然后就匆匆地走开,这就是"道路以目"的由来。周厉王对此十分满意,对召公说:"我有能力制止人们的非议,他们再也不敢议论了!"召公见周厉王执迷不悟,再次劝谏他道:"您这是在用高压的手段来堵住民众的嘴!堵住人们的嘴,就像堵住了一条河,这更可怕!就好像治水,要采用疏导的办法。治民也一样,也要疏导,让天下人畅所欲言。"周厉王听了脖子一歪,觉得这些话特别刺耳。

前841年,镐京的"国人"集结起来,喊着口号,手持各种各样的武器,像洪水一样,冲向王宫,要杀周厉王。这一天,周厉王正在宫中下棋,忽然有一位大臣气喘吁吁地来报:"大王,大事不好,闹起来啦!""谁闹啦?""国人。"周厉王忽地站起来,脸色大变,召集大臣,商量对策,下令调兵遣将。有位大臣回答说:"我们周朝军队,当兵的大都是'国人','国人'就是兵,兵就是'国人'。'国人'都造反了,还能调集谁呢?赶快逃命吧。"周厉王手忙脚乱地带领几位亲信从后门逃走,沿着渭水河岸,一直逃到彘(今山西霍州)。十四年后,周厉王死去。

"国人"攻进王宫后，没找到周厉王，愤怒之下把王宫烧了，转而寻找太子。太子姬静被召公藏了起来。"国人"把召公家包围得水泄不通，要求召公交出太子。召公心一横，把自己的儿子装扮成太子。"国人"抓过"太子"，"咔嚓"一声杀了。

　　为了控制局面，在召公等大臣的劝解下，国人纷纷离去。可是，天下无主。于是周公和召公在贵族们的推举下，暂时代理政事，史称"周召共和"或"共和行政"。

　　"国人暴动"动摇了西周王朝的统治，直接导致了周王室日趋衰微，加速了西周的灭亡。

国人暴动图

4. 烽火戏诸侯

　　现代信息技术很发达，互联网把全世界人民连接起来，不用一秒钟就可以把一个信息传播到世界各地。可是在古代，就不这么简单了。古代用烽火台传信，这是奴隶制国家在政治和军事方面通信的需要。西周的时候，遇到敌情要告知各方，靠的是烽火台来传信报警。如果白天遇到敌情要报警，就在烽火台燃烧掺有狼粪的柴草，使浓烟（狼烟）直冲云霄，各方看到后就会来增援；如果黑夜遇到敌情要报警，就在烽火台燃烧加有硫黄和硝石的干柴，使火光通明，另方看到后，也会来增援。国王如果遇到敌情，就会燃烧狼粪或柴草，狼烟和火光把敌情传递全国各地，诸侯见到此景，就会马上率兵增援保卫周天子。周幽王在位时期，昏庸无道，残暴而腐败。他有个十分宠爱的妃子名叫褒姒，长得异常美艳，《东周列国志》中有文字形容褒姒："眉清目秀，唇红齿白，发挽乌云，指排削玉，有如花如月之容，倾国倾城之貌。"褒妃虽然很美，但是"从未开颜一笑"，是个冰美人。周幽王命人贴出告示："谁要能叫娘娘一笑，就赏他一千斤金子"（当时把铜叫金子）。有人看到告示后想出了一个点起烽火来戏弄诸侯的办法，献给了周幽王。一天傍晚，周幽王带着褒姒登上城楼，命令四下点起烽火。周边的诸侯看到了烽火，以为西戎（当时西方的一个部族）来犯，便从四面八方领兵赶到城下救援。他们到达后一个个汗流浃背，疲惫不堪。仔细一看，不见敌人，只见到处灯火辉煌，鼓乐喧天。一问才知是周幽王为了取悦褒姒而干的荒唐事。诸侯们心中窝火，但敢怒不敢言，只好气愤地打道回府。周幽王和褒姒望着疲惫受骗的诸侯，拍手大笑。"千金买笑"的故事就是从这里来的。

周幽王戏诸侯这事不久，西戎部族果真来犯西周。虽然周幽王点起了烽火，但是没有一个诸侯援兵赶到。这是因为各诸侯都以为周幽王是故伎重演，像上次那样欺骗他们。结果西周的都城被西戎攻下，周幽王也被杀死，从此西周灭亡。

周幽王玩笑开得太大了！本来，只有万分危急的时候才点燃的烽火，却被一个帝王拿来博美人一笑。结果是国破家亡，千古留下一声悠长的叹息。

5. 尊王攘夷

春秋时期的齐国，是当时东方的一个大国，国君齐桓公任用管仲为相。

齐桓公像

管仲积极改革内政；发展生产；还改革军制，组成强大的军队。通过改革，齐国国富兵强。齐桓公在这样的基础上打出了"尊王攘夷"的旗帜，以诸侯长的身份，挟天子以伐不服。

"尊王攘夷"，原文为"尊勤君王，攘斥外夷"。尊，尊崇。王，周王。攘，排斥、抵御。夷，周边少数民族。这则典故的原意是尊奉周王为中原之主，抵御周边的少数民族。后来发展成为面对外族入侵时，结成民族统一战线以共同对敌。

前655年，周惠王产生另立太子的想法。齐国国君齐桓公在首止（地名）召集其他诸侯国君，与周天子（周王）会盟，来确定太子的正统地位。前654年，齐桓公因为郑国的国君郑文公逃会，于是率领诸侯国联军讨伐郑国。几年以后，齐桓公率领多数诸侯国国君与周襄王派来的大夫（即卿大夫，地位仅次于诸侯）举行诸侯会盟，从而确立了周襄王的统治地位。前651年，齐桓公在葵丘召集鲁、宋、曹等诸侯国国君及周王的代表周公宰。周公宰代表周王正式封齐桓公为诸侯长。同年秋，齐桓公以霸主身份主持了葵丘之盟。此后凡是遇到侵犯周王室权威的事，齐桓公有权力过问和制止。从以上内容可以看出，诸侯长的权力很大，连周王和太子的确立他都说了算，是名副其实的天下霸主。尊了周王的同时，更尊了齐桓公这个霸主。

前664年，山戎（少数民族）伐燕，齐军出兵救燕。前661年，狄人（少数民族）攻邢，齐桓公派兵打退了狄兵，帮助邢国建立新都。

前660年，狄人又大举进攻卫，卫懿公被杀。齐桓公亲率众诸侯替卫国在楚丘另建新都。楚国是南方大国，经常北侵。齐桓公对其进行了有力的回击。前655年，以齐国为首的诸侯国联军伐楚，迫使楚国同意进贡周王室，楚国同时表示愿加入以齐桓公为首的联盟，唯齐国是尊。"攘夷"，特别是伐楚之役，抑制了楚国北侵，保护了中原诸国。

管仲像

齐桓公实行的"尊王攘夷"政策，进一步巩固了其霸主地位，也使其霸业更加合理合法。同时也维护了中原经济和文化的发展，为中华文明做出了巨大贡献。

"尊王攘夷"在中国历史上多有评价，主要是正面的评价。如孔子称赞管子（管仲）辅助齐桓公"尊王攘夷"的贡献，朱熹亦称其"尊周室，攘夷狄，皆所以正天下也"，顾炎武更称"尊天王攘夷狄，诛乱臣贼子，皆性也，皆天道也"。

6. 退避三舍

退避三舍出自《左传》，比喻不与人相争或主动让步。

退避三舍的故事源于春秋时期第二个霸主晋文公，他名重耳。春秋时期，重耳因受迫害而逃离晋国，在外漂泊十九年。经过千辛万苦，来到楚国。楚成王以国君之礼相迎并款待他。一天，楚王设宴招待，两人推杯换盏，聊得不亦乐乎。忽然楚王转而问道："如果有一天你能回晋国当上国君，会不会报答我？""那当然。""该如何报答我？"重耳沉着淡定地说："美女、珠宝，大王您有的是；天上飞的珍禽，地上跑的异兽，您的楚国更是盛产，晋国哪有什么更好的东西献给大王呢？"楚王说："公子过谦了，即便如此，可总该对我有所表示吧？"重耳笑笑回答："老天长眼，托您的福，我如果真能回晋国当政的话，我愿与贵国世代交好。假如有一天，晋楚两国之间发生战争，我一定命令军队先退避三舍（一舍等于三十里），以报答大王您的收

城濮之战形势图

留之恩；如若还不能讲和，我只能与您交战。"后来，重耳真的回到晋国当了国君，就是历史上有名的晋文公。常年的流亡生活，晋文公比较了解民间疾苦。他整顿内政，发展生产，训练军队，使晋国日益强大。同时，南方的楚国势力已经发展到黄河流域。前633年，楚晋两国的军队在中原战场上相遇。为了报答楚王的恩情，实现诺言，晋文公下令军队退避三舍，驻扎在城濮（今山东鄄城西南）。楚军见晋军后退，以为对方害怕了，马上追击晋军。晋军抓住楚军骄傲轻敌的弱点，取得了城濮之战的胜利。

从此，晋文公成为中原的第二位霸主。

7. 卧薪尝胆

卧薪尝胆原指越国国王勾践立志雪耻，忍辱负重，发奋图强，以图复国的事迹。后演变为成语，形容人刻苦自励，立志雪耻图强。

春秋时期，争霸战争频繁。春秋末期，江南的吴国和越国也加入了争霸战争的行列中来。吴王阖闾（hé lú）任用楚国人伍子胥和齐人孙武为帅将，一举攻破楚国都城。后来，吴越两国交锋，势均力敌，互有胜负。到了吴王夫差时，吴国打败越国。越王勾践战败被迫向吴王称臣。吴王夫差强迫勾践和夫人到吴国。为了羞辱越王，夫差让勾践养马，打扫宫殿，还派勾践看坟扫墓，做奴仆们才做的事。越王勾

践虽内心不服气,但仍假意顺从。夫差出门时,勾践就帮夫差上前牵马;他生病时,勾践就对他细心照顾。期间,勾践夫妇受尽屈辱。吴王夫差看勾践对自己忠心耿耿,极为尽心,三年以后就允许他返回越国。

卧薪尝胆图

勾践回到越国后,立志报仇雪恨。他唯恐眼前的安逸生活消磨了意志,就在屋里悬挂一个苦胆,吃饭坐卧,都要舐尝,还自问道:"你忘了会稽之耻吗?""你忘了亡国之辱吗?"时刻提醒自己别忘了三年的苦滋味。他还用柴草取代席子来当褥子。这就是为后人所传诵的"卧薪尝胆"。

要报仇雪恨,光每天卧薪尝胆还很不够。勾践决心要使越国富强起来。他和老百姓共同劳作,叫他的夫人自己织布,来鼓励生产;他制定了奖励生育的制度以改变因为战争使人口大大减少的现状;他任用文种管理国家内政,选派范蠡加强军事训练;虚心纳谏,救济百姓,争取人心,积极准备攻吴。

越国积极准备攻吴的时候,那吴国的情况如何?原来吴国不是积极防越,而是准备攻打齐国。伍子胥劝夫差道:"据说勾践卧薪尝胆,立志雪耻,跟百姓融为一体,全国上下众志成城,国家一天天富强起来,看样子一定要再跟吴国一决高低。为了不留后患,希望大王先去灭了越国,除掉勾践。"夫差对此充耳不闻,不仅劳民伤财攻打齐国,而且逼迫伍子胥自杀。

前475年,在充分准备下,越王勾践大举进攻吴国,吴国的军队连连败退。吴都被越国军队包围了两年,终于攻破,吴国灭亡。后来勾践到中原与诸侯会盟,成为春秋时期最后一个霸主,称霸一时。

越王勾践"卧薪尝胆",励精图治,终于成就了一番伟业。这样的励志故事，值得我们去发扬光大！

8. 纸上谈兵

战国时期，赵国大将赵奢是赵国屡建战功的名将。他曾大败入侵的秦军，取得以少胜多的胜利，闻名于世。他有一个儿子叫赵括，在家庭中耳濡目染，从小便熟稔军事知识，一般的人往往说不过他。别人都夸奖他，赵括因此很骄傲，自以为天下无敌。赵奢却很替儿子担忧，认为他是纸上谈兵。他预言说："将来赵国不用他为将也就算了，如果用他，他一定会使赵军遭受失败。"那么结果如何？

战国末期，强大的秦国不断通过战争，兼并东方六国的土地。前260年，秦、赵之间发生了空前激烈的长平（今山西高平附近）之战，赵国老将军廉颇率军迎敌。为了避开锋芒正劲的秦军，廉颇使用拖垮战术，下令让军队坚守城池，以逸待劳，从而拖垮秦军。结果如廉颇所料，秦军由于远道而来，经不住拖延，粮草短缺，难以为继，十分恐慌。秦军首领心生一计，施行了反间计，派人到赵国散布"秦军最害怕赵奢的儿子赵括将军，别的谁都不怕，更不害怕那老廉颇"的话。赵王正在为廉颇在军事上毫无进展而不满，听到传言，随即撤掉廉颇，改派赵括为大将应战。

赵括一到任，改变了廉颇的战术，大量撤换将官。阵前换人，是兵家之大忌，军队中顿时军心涣散。秦军得知赵军的情况，心中窃喜。一天深夜，秦军派一支队伍偷袭赵营，小战片刻，便假装败逃。同时，秦军又派兵乘机切断了赵军的粮道。赵括不知实情，真以为秦军败逃。他得意地想，秦军果然对我心存畏惧，眼下即将取胜。于是他命令军队出城追击。结果，赵军在追击途中被秦军伏兵拦截。然后，秦军集体出动，将赵军团团围住，各个击破。赵军被秦军围困40多天，粮尽弹绝，军心大乱。赵括一筹莫展，想不出好的突围方法。眼看死守也不是办法，便率军拼死突围。可是秦军四面冲杀，赵军根本没法突围出去。结果赵括被乱箭射死，40万赵军被坑杀，从此赵国一蹶不振。赵括葬送了自己，还葬送了国家。

"纸上谈兵"原指在纸面上谈论打仗,而没有实战经验。后用这个成语比喻空谈理论。

9. 立木为信

前361年,秦国明君秦孝公刚刚即位,就决心发愤图强,进行改革,强兵富国,于是广泛网罗人才。卫国的贵族公孙鞅(商鞅)来到秦国,得到秦孝公的接见与信任。在秦孝公的支持下,商鞅开始变法。

为了取信于民,商鞅命人在都城南门立了一根三丈高的木杆,然后贴出告示:"谁能把这根木杆扛到北门去,就赏金十两。"不一会,南门口围了一大堆人,大家议论纷纷:"这是什么难事,赏这么多金子?""这根木头谁都拿得动,哪儿用得着十两赏金?""这大概是成心开玩笑吧。"大伙儿面面相觑,就是没有一个上前去扛木头的。商鞅见无人响应,心知百姓在质疑他的命令,就把赏金提到五十两。没想到赏金越高,人们越疑惑,不知道葫芦里卖的什么药,越想越觉得不近情理,仍旧没人敢去扛。正在大伙儿嘀咕的时候,人群中有一个壮汉跑出来说:"我愿一试。"他说罢便把木头扛起来就走,一直扛到目的地北门。商鞅立刻赏给他五十两黄金。大家凑到壮汉跟前,一看果然是五十两金子。这件事立即在秦国上下传开。老百姓兴奋地说:"这位新官的命令不含糊,说话真算数!"商鞅因此提高了威信。不久,商鞅就在秦国进行变法。此事史称"徙木立信",又称"南门立木",还称"扛杆赠金"。原意是取信于民,现在引申为依法办事。

北宋改革家、政治家

立木为信图

王安石为此事专门写了一首诗称赞商鞅："自古驱民在信诚，一言为重百金轻。今人未可非商鞅，商鞅能令政必行。"

10. 破釜沉舟

破釜沉舟就是把饭锅打破，把渡船凿沉，比喻不留退路，誓死决战，下决心不顾一切地干到底。

"破釜沉舟"的典故出自秦末著名战争——巨鹿（今河北平乡）之战中。前207年，项羽率军救援被秦军围困在巨鹿的起义军。秦军有30万人，项羽楚军只有数万人。楚军大军渡过了漳河，背河扎营。项羽下令士兵每人带足三天的粮食并砸碎行军做饭的锅。将士们听

破釜沉舟图

罢很是诧异，项羽分析说："没有锅，我们可以轻装前进，尽快救助危在旦夕的起义军！至于吃饭的问题，好解决，让我们到章邯（秦军将领）军营中取锅做饭吧！"将士们恍然大悟，又按项羽的命令砸沉所有渡船，烧掉所有帐篷。战士们一看这种现状，心想：现在已经没退路了，这场仗如果打不赢，只有死路一条；活的路只有一条，那就是奋勇杀敌！

项羽的决心和勇气，对将士起了很大的鼓舞作用。战斗开始了。楚军人人以一当十，以十当百；个个如下山猛虎，冲向敌营，奋勇冲杀。战场之上，狼烟蔽日，昏天地暗，杀声震天。楚军将士越战越猛，直杀得山摇地动，血流成河。经过多次交锋，楚军终于以少胜多，把秦军打得大败，秦将死的死，亡的亡，章邯在走投无路的情况下，就率领剩下的秦军投降了项羽。

11. 约法三章

秦朝末年爆发了农民起义，项羽和刘邦率领的起义军在后期攻势

如潮。刘邦率领起义军直逼咸阳，秦朝统治者向刘邦投降，秦朝灭亡。

刘邦军队进入咸阳后，其部下官兵们觊觎秦宫里的金银财宝而相互抢夺。刹那间，咸阳城中局面混乱到无法控制的程度。刘邦更是得意地走进秦宫，面对不可计数的珠玉珍玩和美貌的后宫佳丽，也禁不住地想立即体验一下做关中王的滋味。这时，清醒的樊哙对刘邦说："沛公（刘邦），你是打算将来做天下王，还是做关中王？是做一个统治者，还是做一个富翁？奢侈浮华和掠夺百姓都是秦所以亡天下的原因，你怎么现在就想留在宫中享受呢？应该赶快还军灞上。"但刘邦此时被一时的胜利冲昏了头脑，根本听不进樊哙的劝解。这时，在旁边的张良赶快又对刘邦进言："正因为秦朝无道，沛公你才起而反之，经过努力才有今天的成果。如果你这样下去，和暴秦有什么区别呢？俗话说忠言逆耳利于行，良药苦口利于病，希望您能听从樊哙的忠言。"在樊哙和张良的劝说之下，刘邦这才茅塞顿开，下令封闭王宫，还军灞上。

刘邦还军灞上后，便召集诸县父老豪杰，向他们发布安民告示：秦朝时期，诽谤他人的人族诛（一人犯罪，一个家族都要受到牵连）。人们之间打个招呼，说个话，就要在闹市中砍头。父老乡亲被秦朝的严酷刑法害苦了。我与诸侯们相互约定，谁先攻入咸阳，谁就当关中王。现在我再与关中的各位父老豪杰约法三章：杀人者死，伤人者刑，及盗抵罪。（杀了人就是死罪；伤了人就要用刑；偷盗的人也要治罪）从今天起，秦朝法律全部废除，各位官吏都像以前一样按部就班地工作。我到关中来，是为父老乡亲除秦害，不是想侵害你们的权利，所以不要惊慌！

"约法三章"这个安民告示，有三点值得注意：第一，秦末农民起义过程中，杀县令、诛守尉的现象层

刘 邦

出不穷，是合理的。现在根据约法三章，如果谁敢再像陈胜、吴广那样杀将尉，发动起义的话，那就要被处死。所以说，它是刘邦由农民起义领袖向地主阶级代表转变的标志。第二，"各位官吏都像以前一样按部就班地工作"，实际上是保留了秦王朝的行政机构和官员，让他们行县乡邑，将刘邦的约法三章传达给乡绅百姓，这个做法从本质上讲保护了关中地主集团的利益。第三，刘邦当众再三强调他率军入关是为父老除害，并不是来欺凌百姓的，博得了关中老百姓乃至地主的好感。于是，关中人上下特别高兴，争先恐后地用牛羊酒食犒劳军士，而刘邦则辞让不接受，还说："粮食挺多的，不缺，不想麻烦你们。"刘邦越是辞让，老百姓越是喜欢刘邦及其队伍，他们终于消除了对刘邦的怀疑和戒备，唯恐刘邦不做关中王。这样，刘邦在未来与项羽对关中的争夺中，已经棋先一着了。也难怪楚汉之争刘邦获胜，夺得天下。

"约法三章"现在泛指订立简单的条款，以资遵守。

12. 鸿门宴

秦末，刘邦与项羽率各自的部队攻打秦朝的部队。前207年，项羽以少胜多，在巨鹿打败秦军主力。同时，刘邦率兵直逼咸阳，秦朝统治者投降，秦朝灭亡。也是从此时开始，项羽和刘邦的身份由农民起义军领袖向封建统治者转变，双方的争夺开始显露出来。刘邦兵力虽不及项羽，但刘邦先破咸阳。项羽闻之勃然大怒，于是进军关中。项羽实力雄厚，拥兵40万，驻扎在鸿门（今陕西西安东北）。项羽下令次日早晨让兵士饱餐一顿，准备发起一场恶战来一举击败刘邦。

刘邦得知此事后，大为吃惊。刘邦只有10万人，不敢与项羽对抗，就拉拢收买项羽的叔父项伯。项伯答应在项羽面前说情，并让刘邦次日前来谢罪。第二天，在项羽接待刘邦的鸿门宴上，项羽的谋士范增一直主张杀掉刘邦。他一再示意项羽发令趁机杀掉刘邦，但项羽屡次犹豫不应。范增只好招来壮士项庄舞剑为酒宴助兴，借机杀掉刘邦。项伯发现端倪，也拔剑起舞来掩护刘邦，使项庄无从下手。在这杀机重重的危急关头，刘邦部下樊哙带剑拥盾闯入，眼神直逼项羽，项羽只好客气地问来者何人，并命赐酒，樊哙接过来一口饮完；项羽又命赐猪腿，樊哙拿过来就吃；又问能再饮酒吗？樊哙气哼哼地说："臣死都不惧，一杯酒又如何？"樊哙还乘机说了一通刘邦的好话，项羽哑口无言。期间，刘邦借口上厕所，乘机逃离鸿门。刘邦部下张良为刘邦的逃跑争取时间，便入门为其推脱，说刘邦不胜饮酒，无法前来道别，现向大王献上白璧一双，并向范增献上玉斗一双。糊涂的项羽收下了白璧，但范增明白刘邦这一跑的恶果，气得拔剑将玉斗砸碎。

现在我们说"鸿门宴"的意思就是暗藏杀机。这个故事还演变出一个歇后语："项庄舞剑，意在沛公"，意思是说话和行为的真实意图别有所指。

鸿门宴图

项庄舞剑，意在沛公

13. 四面楚歌

前202年，经过四年的较量，项羽和刘邦约定以鸿沟（在今河南荣县境贾鲁河）东西边作为界限，互不侵犯。在谋将张良和陈平的规劝下，刘邦打算一鼓作气，消灭项羽，一统天下。于是命令韩信等会合兵力，追击正在向东开往彭城（即今江苏徐州）的项羽部队。几次激战之后，楚军已经成为强弩之末。这时，韩信使用十面埋伏的计策，布置了多重兵力，把项羽及其残余军队紧紧围在垓下（今安徽灵璧东南）。此时，项羽官兵所剩无几，弹尽粮绝。刘邦的军队为了麻痹敌人，命令他的军队都唱起楚地民歌。项羽中计，十分颓丧地说："刘邦已经得到了楚地了吗？为什么他的部队里面楚人这么多呢？"此时的项羽斗志全无，挣扎着从床上爬起来，瘫坐在地上借酒消愁。然后自己吟诗一首："力拔山兮气盖世，时不利兮骓不逝，骓不逝兮可奈何，虞兮虞兮奈若何。"意思是："力量能搬动大山啊气势超压当世，时势对我不利啊骏马不能奔驰。骏马不能奔驰啊如何是好，虞姬虞姬啊我怎样安排你！"项羽的爱妃虞姬不由得和他一同唱和，唱得两人眼泪滂沱。仅存的士兵见状也十分难过，一起哭泣。项羽英雄末路，仍不甘心，带领800余骑士突围，最终仅剩28人。看看眼前的28名忠贞不渝的士兵，他感到无颜面对江东父老，最终自刎于乌江边，从此刘邦得到天下。

上述故事演变出好多成语：如四面楚歌、垓下之围，比喻陷入四面受敌、孤立无援的境地。还有霸王别姬、乌江自刎，比喻穷途末路，没有希望。

宋朝词人李清照曾写诗点赞："生当作人杰，死亦为鬼雄，至今思项羽，不肯过江东。"表达了对项羽的敬佩、思念之情。毛泽东也曾写过一首诗，其中有："宜将剩勇追穷寇，不可沽名学霸王。"表达了对项羽的另一种评价。

14. 张骞通西域

汉武帝时期，有一个冒险家叫张骞，他一生最大的功绩就是两次出使西域，对开辟丝绸之路有着卓越贡献。

"西域"是哪里呢？两汉时期，狭义的西域是指玉门关、阳关（今甘肃敦煌西）以西，也就是今天新疆地区和更远的地方。广义的西域还包括葱岭以西的中亚细亚、罗马帝国等地，今阿富汗、伊朗、乌兹别克斯坦至地中海沿岸一带。我们所说的是狭义的西域。

张骞出使西域的最初目的是为了贯彻汉武帝联合大月氏（ròu zhī）抗击匈奴，但出使西域之举促进了汉夷文化的交流，"丝绸之路"使得中原文明迅速传播。因此，张骞出使西域这一历史事件具有非常特殊的历史意义。

汉武帝是个具有雄才大略的皇帝，他决心根除匈奴对西汉的威胁。于是招募使者出使西域，寻找并联络曾被匈奴赶到西域的大月氏，合力进击匈奴。渴望为汉朝建功立业的张骞，毅然应募前往。

前138年，张骞一行百余人从长安起程，一路向西行进。一路上风吹日晒，险象环生，但他依然风雨兼程。当他们行至河西走廊一带时，占据此地的匈奴骑兵发现了他们。张骞和百余随从全部被抓，被扣留了十年。匈奴单于知道了张骞西行的目的之后，对他们的看管更加严格。为防止他们串通，还把他们分散开来，分批去放羊牧马。并给张骞娶了匈奴女子为妻，来监视他，诱降他。但是，张骞坚贞不屈，不忘使命。

整整过了11个春秋，他们终于逮住机会，仓促出逃。一路上没有

张骞拜别汉武帝出使西域

干粮和饮用水,饥渴难忍。多亏随行的甘父射猎了一些飞禽走兽,他们以此为生,才躲过了死亡的威胁。可惜辗转到了大月氏,却得知大月氏已经无心再与匈奴打仗。张骞在东归返回的途中,再次被匈奴抓获,后又设计逃出,历尽千辛万苦,终于在13年后回到长安。返回长安后,张骞马上向汉武帝报告了西域的见闻,特别是他们想和汉朝往来的愿望。

前119年,西汉打败匈奴,匈奴再也无力与西汉抗争。在这样的前提下,汉武帝派张骞第二次出使西域。张骞率领使节团,带着大量的丝绸瓷器,访问了西域的许多国家。西域各国也派使节团回访西安。从此,双方的交往密切而频繁。我们今天吃的葡萄、核桃、石榴等就是张骞通西域后才传到我们中原的。前60年,西汉政府设立西域都护府,总管西域事务,西域(新疆)成为我国领土不可分割的一部分。

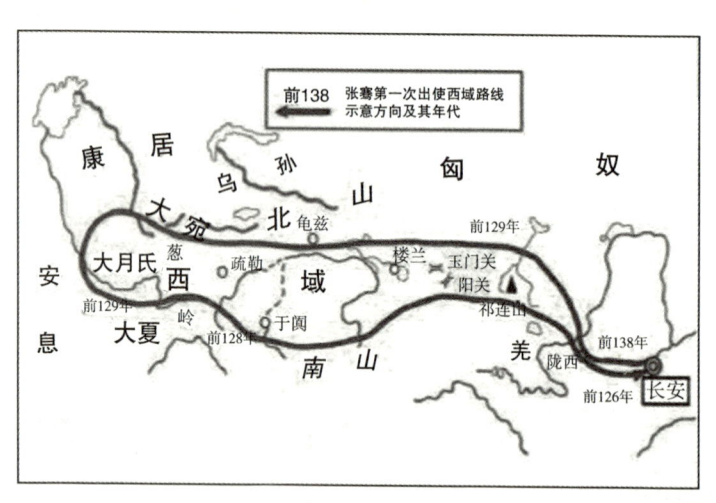

张骞出使西域图

张骞通西域后,东西往来频繁。人们带着中国的拳头产品,如丝织品、瓷器等,从长安出发,经过新疆,运往西亚,再转运到欧洲,回头再把欧洲、西亚、西域的产品运到中国内地。这条沟通中西交通的陆上要道,就是历史上著名的丝绸之路。

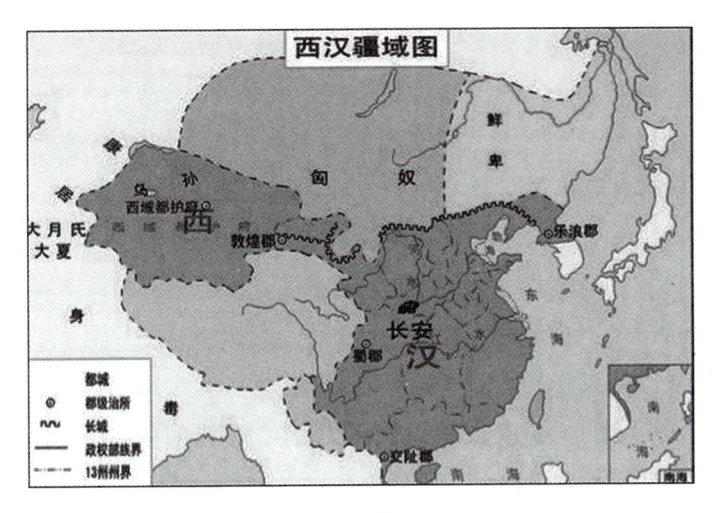

西汉疆域图

通西域、设立西域都护府、开辟丝绸之路,这三大工程的功臣是张骞。他的伟大功劳,至今举世称道。

15. 苏武牧羊

前119年,汉武帝派卫青、霍去病在漠北打败了匈奴,匈奴无力再与西汉对抗。匈奴逃至漠北,休养了好几年,单于把被扣留的西汉使者放了回来。汉武帝对单于这种通晓情理的做法表示赞赏,于是派遣苏武以中郎将的身份出使,持旌节护送扣留在汉的匈奴使者回国。但是,苏武到了匈奴不久,就发生一件事,使他无辜受到牵连。事情是这样的:汉朝叫卫律的使者,很早便投降了匈奴,并被匈奴封为王,他总替匈奴出主意侵犯中原。卫律有个副手叫虞常,对卫律背叛汉朝行为甚为痛恨,就和苏武的副手张胜暗中谋划,准备把卫律杀死。谁知事情败露,很自然苏武被卷进是非中。

单于叫卫律劝苏武他们投降。苏武指着卫律,痛骂道:"你个卖主求荣的小人,背叛朝廷,我决不会像你一样投降,要杀要剐随你便!"

单于听说后,就想从精神上折磨苏武,达到摧垮他的意志、使他屈服的目的。于是就把苏武关在阴湿寒冷的地窖里,不给他食物。饥饿难耐的苏武就吃地窖里的破皮带、羊皮片等破烂东西。

过了几日,单于见苏武还活着,再劝降,依然没有结果。于是单于就把他送到北海(今贝加尔湖)放羊,并告诉他:"等哪天公羊生下小羊,你就可以回汉朝。"

苏武到了北海,天当被,地当床。吃的是挖的野菜,逮的田鼠;喝的是西北风和雪花。日复一日,年复一年,他坚强地与死神搏斗,顽强地活下来了。他心中只有一个念想:回到大汉去!他手里的那个代表朝廷使节的旄节的穗子全掉了,可是他仍视之如命。

死他不在乎,但最让他念念不忘的是,他是汉朝的使者。他拿着旄节放羊,抱着旄节睡觉,他想总有一天能拿着旄节回去。

前85年,匈奴起了内乱,汉昭帝借机派出使者来到匈奴,赎回了苏武等人。

当年苏武出使时,随从多达百人,但是这次跟着他回来的仅剩几人;苏武出使时刚四十岁,在匈奴受难十九年,白头发白胡须的他,看上去像八十多岁的老人!他回来的时候,长安的人民都争相目睹威武不屈的大丈夫,心中充满敬佩。

苏武牧羊图

16. 昭君出塞

王昭君，即王嫱（qiáng），字昭君，原为汉宫宫女。

前1世纪中期，匈奴分裂为几部，彼此攻杀不休。其中一个部落的首领呼韩邪单于向汉朝称臣，南迁到长城附近，同西汉订立了和好盟约。东汉元帝时期，呼韩邪单于入朝向汉元帝请求和亲。元帝答应此事，并决定挑选一名宫女作为公主嫁给呼韩邪单于。

昭君出塞图

很多民间选来的宫女，整天被关在后宫里，因为得不到皇帝的宠幸，所以很想寻找机会出宫，但不愿远嫁到匈奴，因此管事的大臣很着急。这时，有一个宫女决意去匈奴和亲，她就是王昭君。王昭君长相出众，能文善舞，又很有见地。管事的大臣听说王昭君肯去和亲，于是急忙上报元帝。元帝就命令大臣选择良辰吉日，让呼韩邪和昭君在长安完婚。单于得到了貌美的妻子，自然激动万分。这中间还出现了一些波折。临回匈奴前，单于偕同王昭君向元帝告别，元帝忽见王昭君美丽端庄，很想将她留下，但为时已晚。元帝回宫后，茶饭不思，十分诧异于自己往日竟没发现宫中有此绝色美人。他命人拿出昭君的画像仔细端详，总觉得画像不如本人漂亮。这是什么原因？经过一番调查发现，原来画工毛延寿做了手脚。那毛延寿为何要作弊呢？原来皇帝从宫女中挑选佳丽，是由画工给宫女画了像，送给皇帝来选。毛延寿便给送礼多的宫女画得漂亮些。王昭君可能是家里经济条件有限，也可能对这种勒索行为不认可，就没有给毛延寿送礼物，所以毛延寿就没有把她的美貌如实地画出来。知道此情后，元帝恼怒地处理了毛延寿。言归正传，昭君在长安完婚后跨上马，怀抱琵琶，在汉朝官员的护送下，和单于离开了长安。有人这样描述当时的情景：一路上，西风呼啸，沙土漫天，王昭君禁不住泪流满面，悲喜交加。她在马上拨动琴弦，奏起悲壮哀伤的离别曲。南飞的大雁听到琴声，看到马车上美丽的昭君，忘记扇动翅膀飞翔，从天空中跌落下来。从此，昭君就得到"落雁"的代称。还有诗人作诗："千载琵琶作胡语，分明怨恨曲中论。"在诗人的眼中，王昭君可能是悲伤的。但是不管怎么样，王昭君是坚强的，勇敢的。

昭君到达匈奴后，逐渐习惯了匈奴的生活，并和匈奴人相处融洽。她一面劝单于不要和汉朝动兵打仗，一面向匈奴人民传播中原文化。昭君死后葬在匈奴人控制的大青山，匈奴人民为她修了坟墓，并奉她为神仙。

史书记载，昭君和亲后，"边城晏闭，牛马布野，三世亡（无）犬吠之警，黎庶无干戈之役"。意思是：塞外边城的城门关闭，原野上牛马成群，几代人生活安宁，连犬的叫声都听不到了，老百姓也不用拿起武器去打仗。

董必武的《谒昭君墓》诗碑："昭君自有千秋在，胡汉和亲识见高。词客各抒胸臆懑，舞文弄墨总徒劳。"

可见，呼韩邪和昭君和亲，为汉匈的友好相处和文化交流做出了重大贡献。在民间老百姓心目中，昭君是民族团结和谐的象征，2000多年来，她的故事在民间广为流传，家喻户晓。

17. 火烧曹营

这个故事是奠定三国鼎立基础的著名决战——赤壁之战中的一个重要环节。

208年，曹操率领20多万大军南下，想要灭掉南方的刘备和孙权，达到统一全国的目的。孙刘双方组成五万人的孙刘联军，在长江沿岸的赤壁一带和曹军对峙。曹操的部队大都是北方人,不习惯水上作战。为改变这一局面,曹操下令将战船用铁索相连,减弱了风浪的颠簸。这一办法果然奏效,北方籍兵士登上战船,颠簸呕吐的现象大大减少,于是士兵加紧演练,待机攻战。吴国大将周瑜鉴于敌众己寡,久战对己不利,决意寻机速战。怎么才能速战,大家都很伤脑筋。正在这时,周瑜部将黄盖针对曹军"连环船"的弱点,再根据当时的气象条件,建议火攻,这一计策得到大家的赞许。孙刘联军经过商议,让周瑜的部下黄盖写信给曹操,假意说要带兵去投降,曹操半信半疑。为了让曹操深信不疑,一天晚上,周瑜噼里啪啦痛打黄盖。鼻青脸肿的黄盖带着数十艘船随即出发,顺着东风由长江南岸向北急驶。前面10艘战船装满了浸油的干柴草,外边围着布幔,插上与曹操约定的旗帜,战船的后面系着载满士兵的小船。曹军眺望,确定来者是黄盖,就放松了警惕。戒备松懈的曹军争相观看黄盖来降。离曹军军营较近时,黄盖命十艘战船同时点燃柴草,后边的小船迅速揭开系绳,离开战船,向后退去。风猛火烈,着火的十艘战船直冲曹军连锁的战船,呼啦一下,顿时曹营一片火海,大火还迅速燃烧到岸上的营寨。曹军一片混乱,人马烧死淹死的很多。周瑜在战船上看到曹营一片火海,马上击鼓前进,联军乘势攻击,水陆并进,追赶曹军。曹军伤亡惨重。

曹操深知已不能挽回败局,便下令烧毁余船,带领残部逃走。

18. 八王之乱

西晋是三国两晋南北朝时期唯一一个统一全国的朝代。可惜,西晋统一以后,统治集团迅速腐朽。第一代皇帝司马炎驾崩之后,即位的是晋惠帝。晋惠帝智力低下,史称"白痴"。正是因为他的无力统治,才造成了"八王之乱"。

那么司马炎最后为什么要让一个"白痴"做皇帝呢?有两个传说:一说因为晋惠帝的哥哥司马轨很早就死了;二说第一代皇帝司马炎为了将来传位给他宠爱的聪明孙子愍怀太子司马遹,所以才让晋惠帝继承大统。可见，司马炎这样做是无奈，也是计策。不管怎么说，司马炎面对天生智商低下的儿子很发愁，担心晋惠帝司马衷会丢了祖宗开创的家业。有一次，司马炎为了测验一下司马衷（晋惠帝）的能力，亲自出了几道问题考考他，并限他三天之内交卷。司马衷拿到考题以后，茫然无知，不作答，随手放在一边。他的妻子贾南风，是个很聪明的人，看到后马上请来几位有学问的老先生为司马衷解答难题。

晋惠帝司马衷

司马炎看了答卷后，当然满意，以为儿子的思维还是很清楚的，也就对儿子的能力放心了。

一个白痴治理国家，效果可想而知。这就为其他皇族夺权提供了机会和口实。所以晋惠帝即位不久，西晋的皇族纷纷起兵争夺皇位，他们是汝南王司马亮、楚王司马玮、赵王司马伦、齐王司马冏、长沙王司马乂（yì）、成都王司马颖、河间王司马颙、东海王司马越八王。晋惠帝在"八王之乱"中被毒死。八王之乱持续时间长达16年。其持续时间之长，死亡人数之多，波及范围之广，引起战乱之烈，造成后果之严重，对中国历史影响之深，都是中国两千多年封建历史罕见的。这场中国历史上空前的大内讧，从宫廷内权力斗争开始，而后引发全国各个阶层的战争，祸及社会，对生产力造成了极大的破坏，也耗尽了西晋的国力，加剧了西晋的统治危机，成为西晋短命而亡的重要原因。

"八王之乱"是晋惠帝个人的悲哀，也是西晋司马氏家族的悲哀，更是中国历史的悲哀。

19. 玄武门之变

唐朝的建立，是唐高祖李渊和几个儿子多年征战的结果。可唐朝建立后，唐高祖几个能干的儿子之间却矛盾重重，达到了白热化的程度。唐高祖即位以后，封长子李建成为太子，次子李世民为秦王，四子李元吉为齐王。三人之中，李世民的功劳最大。

李世民本人很优秀，有勇有谋。秦王府中文官有房玄龄、杜如晦等名臣；武将有尉迟敬德、秦叔宝、程咬金等勇将，可谓人才济济。太子建成因为自己功劳和威信都比不上李世民，就和弟弟元吉联合，排挤陷害李世民，并想方设法除掉李世民。而李世民集团也对太子李建成并不赞赏，双方势力总是明争暗斗。

有一次，李建成邀请李世民到东宫喝酒。李世民出于礼节不得不前往。几杯酒下肚，李世民忽感剧烈腹痛。回去后竟呕出血来。李世民顿悟酒中被下了毒，就赶快请医服药，总算捡回一条命。

还有一次，李建成私下派人送了一封信给秦王李世民手下的勇将尉迟敬德，欲与尉迟敬德交好，还给他送去一车金银细软。尉迟敬德回信说："我是秦王的部下。如果私下跟太子来往，就是对秦王三心二意，那我就成了个见利忘义的小人。这样的小人对太子又有什么价值呢？"说完，他又原封不动地退回了财物。

李建成、李元吉又生一计。趁突厥进犯中原之际，李建成向唐高祖建议，由元吉代替李世民带兵北征，唐高祖应允。但元吉又请求把尉迟敬德、秦叔宝、程咬金三员大将和秦王府的精兵都划归自己指挥。他们意图将这些精兵强将从李世民身边调离，再去谋害李世民便可毫无障碍。

有人将此秘密计划报告给了李世民。李世民忙找他大舅子长孙无忌和尉迟敬德共同商议应对方法。两人都劝李世民为了取得有利形势，就要先发制人。但是李世民还是下不了狠心，说："兄弟骨肉相残，是古往今来的大罪恶，说出去很丢人。我当然知道祸事即将来临，还是等他们动了手，我们再来对付他们，我不想先挑起事端。"听到李世民的话，两人更着急了，干脆说如果李世民再不动手，他们也不愿留在秦王府白白等死。李世民见状，便痛下决心与李建成、李元吉拼死一搏。

当天夜里，李世民进宫向唐高祖告了一状，诉说太子跟元吉如何谋害他及其部下的种种。唐高祖答应等明天一早，宣兄弟三人一起进宫，并亲自查问此事。

第二天早上，李世民命长孙无忌和尉迟敬德带精兵埋伏在皇宫北面的玄武门，等建成、元吉进宫。不多久，建成、元吉朝玄武门而来，当他们到达玄武门附近时，觉察到气氛反常，立即警觉起来。两人调转马头，急欲返回。这时李世民从玄武门里赶出来，高喊道："殿下，别走！"元吉转过身来，拿起弓箭欲射杀世民，但是由于忙乱惊慌，一连几次箭都没有射出。这边李世民眼疾手快，一箭就把建成先射死了。接着，尉迟敬德带了七十名骑兵冲了出来，尉迟敬德上来一箭就把李元吉射下马来。此时，李世民的马受到惊吓，狂奔入玄武门旁的树林，李世民从马上摔下，倒在地上爬不起来。李元吉赶到，夺过弓准备勒死李世民。这时尉迟敬德奔来大声喝止住他。李元吉只得放开李世民，想逃入武德殿寻求李渊庇护，但尉迟敬德随即放箭将他射死了。东宫和齐王府的将士听说玄武门出了事，纷纷出来与秦王府的士兵对战。李世民指挥将士抵抗的同时，又吩咐尉迟敬德进宫。唐高祖正在皇宫坐等三子觐见，却见尉迟敬德身披战甲，手持兵器冲进宫来，说："太子和齐王发动叛乱，秦王已经把他们杀了。秦王怕惊动陛下，特地派我来保驾。"高祖这时才知道门外发生的动乱，惊吓过度，不知如何是好。这时，宰相萧瑀等人趁机说道："建成、元吉本来就没有什么功劳，还妒忌秦王，几次对秦王及其身边人下毒手，太过分了。现在秦王已经把他们铲除，这是好事。陛下年事已高，不如把国事交给秦王，这样，一切就安定了。"事已至此，唐高祖心如明镜，接受了大臣的建议，宣布建成、元吉罪状，命令各府将士一律归秦王指挥。两个月后，唐高祖直接让位给秦王，自己做太上皇。李世民即位，为唐太宗。

从上述过程看，发动玄武门之变是李世民在被迫情况下的无奈之举，却成了李世民一生的阴影，挥之不去。

古往今来，大多数历史学家对李世民发动玄武门之变持理解甚至赞同的态度。有人说："中国人应该庆幸李世民夺嫡成功，因为李世民为中国带来名垂千古的'贞观之治',成为治世的典范。"

也有人说:玄武门那场唐太宗一生中最艰危的苦斗,对他本人来说,绝不是可以向后世夸耀的愉快记忆……李世民和他父亲这一段不愉快的往事,怎能让李世民那颗受伤的心完全遗忘!

玄武门之变

20. 和同为一家

唐朝时期,我国统一的多民族国家得到空前发展。国家幅员辽阔,民族众多。有的民族虽然建立地方政权,但与中原王朝一直保持着密切的关系。

吐蕃人是藏族祖先,很早就生活在青藏高原一带。他们有的从事畜牧业;有的以农耕为生,种植青稞、小麦和荞麦。吐蕃人习俗以战死为荣,一家几代人连续战死,被看作"荣誉甲门"。7世纪前期,吐蕃杰出的赞普(吐蕃对王的称呼)松赞干布统一了青藏高原,定都逻些(今拉萨)。为巩固统治,发展丰富吐蕃文化,促进吐蕃社会的进步,他仿照唐朝的官制,设置各级官府,建立了严密的军事组织,制定了严酷的法律,还命人创制了吐蕃文字。

松赞干布既有雄才大略又有远见卓识,仰慕中原文明。贞观时期,他几次向唐朝求婚。唐太宗决定把文成公主嫁给他。松赞干布自豪地说:"我父祖

文成公主与松赞干布

没有和上国通婚,而我能娶大唐公主,深感荣幸。"文成公主经过长途跋涉风吹日晒到达拉萨时,吐蕃人民身着节日盛装,迎接这位远道而来的公主。

文成公主是个博学多才、有见识的女子。她远嫁吐蕃,带去了书籍、谷物、蔬菜种子,还带去大批手工业工匠。从此,吐蕃人学会了平整土地,种植蔬菜,养蚕缫丝,纺织刺绣;学会了使用中原的历法;学会了饮茶习俗。松赞干布也改穿唐人服装;派遣贵族子弟到长安入太学学习诗书,聘请唐朝文士执掌与唐往来的文书。很多到达长安学习的吐蕃人取得了较大的成就。今天拉萨市内的大昭寺,当初是文成公主设计的,基址也是文成公主选定的。参加建设的工匠,除了当地的以外,还有文成公主从内地带来的,也有尼泊尔公主招来的。大昭寺的设计,既有中原的风格,又有印度、尼泊尔的特点,是中外建筑艺术的糅合,是建筑史上的瑰宝,深受藏民喜爱。

8世纪初,唐中宗又将金城公主嫁与吐蕃赞普尺带珠丹。尺带珠丹上书给唐朝皇帝的书信这样说:"外甥是先皇帝舅宿亲,又蒙降金城公主,遂和同为一家。天下百姓,普皆安乐。"意思是:松赞干布

布达拉宫图

与文成公主成婚，唐朝皇帝是我尺带珠丹的舅家，是老亲戚。今天，我蒙受皇恩娶金城公主，所以，我们是一家人。天下百姓，都以此为荣。9世纪，唐穆宗长庆年间，唐朝与吐蕃会盟于长安西郊，双方重申"和同为一家"的舅甥亲谊，史称"长庆会盟"，亦称"甥舅和盟"。盟约里说：双方世世代代"患难相恤，暴掠不作"。在拉萨设立的唐蕃会盟碑，至今仍屹立在大昭寺门前，这是汉藏两族人民友好往来的物证。

21. 鉴真东渡

唐朝时期，对外交往比较活跃，与亚洲、非洲、欧洲的一些国家都有往来。其中，中日两国交往最密切。唐朝时期，日本派往中国的遣唐使有十多批，跟随而来的有留学生和留学僧等。使节团规模很大，少则二百人，多则五六百人。日本遣唐使回国后，以唐朝的制度为模式，进行政治改革；参照汉字，创制了日本文字；在社会生活中保留着唐朝人的某些风尚。

唐朝时，赴日本的使者和僧人也不少，其中影响力最大的是高僧鉴真。鉴真俗姓淳于，江阳（今江苏扬州）人。鉴真55岁时，日本学问僧邀请鉴真等人东游日本。鉴真当时就说："是为法事也，何惜身

鉴真东渡图

命?"意思是为了弘法传道,我怎能在乎身家性命?于是毅然前往。从唐玄宗天宝年间开始,鉴真五次"东渡"。或由于官府阻挠,或由于浪击船沉等原因,这五次东渡均未获成功。在第五次东渡时他双眼染病失明,但他意志弥坚,发誓说:"为传戒律,发愿过海。不至日本国,本愿不遂。"66岁时,鉴真一行24人再次扬帆东去,终于登上日本国土。鉴真率弟子普照、思托等仿扬州大明寺格局在奈良精心设计修建了唐招提寺,佛殿造型优美别致,保存至今,被日本视为艺术明珠,对日本建筑艺术有重要影响;鉴真还把律宗传至日本,成为日本律宗的鼻祖;他还精通医学,凭嗅觉辨草药,为人治病。他留下一卷《鉴上人秘示》的医书,对日本医药学的发展做出了贡献。他还将中国佛经印刷品和书法碑帖带到日本,对日本的印刷术、书法艺术都产生很大影响。

鉴真东渡对日本文化的各个方面影响重大而深远,日本人民称鉴真为"盲圣""日本医学之祖""日本文化的恩人"等,充分表达了日本人民对鉴真崇敬、膜拜之情。763年,鉴真在日本招提寺内圆寂,寺内至今还保留着鉴真的坐像,成为日本的国宝。鉴真在日本10年,辛勤不懈地传播唐朝文化,对中日文化交流做出了重大贡献。

22. 玄奘西游

到了明朝,小说家吴承恩在民间传说的基础上,写成长篇小说《西游记》。《西游记》中,唐僧师徒四人到西天求取真经的故事家喻户晓,故事的主人公之一唐僧的原型是唐朝人陈祎,法名玄奘。

玄奘从小好学。青年时期,他在长安、成都等地追访有名的佛学大师,钻研佛经。可是佛教宗派众多,佛经的译文常常

玄奘西游图

出错，解释的经义往往互有矛盾。随着钻研的逐步加深，他发现的问题也越来越多。特别是有些疑难问题，众说纷纭，很难有定论。玄奘决心亲自到佛教发源地天竺（今印度半岛）去游学，把问题研究个水落石出。

贞观初年，玄奘从长安出发，单枪匹马踏上了西行的征途。一路上，只有一堆堆白骨和驼马粪当路标，引导前进。虽然一路困难重重，历经八百里流沙、终年积雪的凌山等险恶环境，但玄奘发誓不到天竺，誓不罢休。他凭着坚强的毅力，怀抱伟大的理想，经过一年的跋山涉水，终于进入了天竺。他在那里遍访有名的佛教寺院，并在佛学最高学府那烂陀寺游学。在这里，他得到了已九十多岁高龄的高僧戒贤法师的赏识。戒贤法师为他亲自讲课，还安排他为全体僧众讲授佛经。

有一次，天竺最有威望的戒日王，正在都城举行规模盛大的佛学辩论会。到会的人员有国王以及高僧等各界人士，总共不下一万人，盛况空前。在这次盛会上担任主讲人的正是玄奘。盛会上，玄奘宣读了他用梵文写的佛学论文，就其观点进行了具体阐释。大家都折服于他精辟的论述。会期十八天中，没人能驳倒他的论点。大会结束日，戒日王送给他大量的金银财物，还按照天竺的风俗，请他坐上一头装饰华丽的大象，绕场一周。陪同护卫者高呼："东方支那（中国）来的法师阐释的佛经，破除异端邪说，十八天来，无人能敌。"群众欢呼雀跃，共同庆祝。玄奘尽享印度人民对他的赞颂，这也使得他在印度有了极高的声誉。

贞观后期，在西游十七年后，玄奘辞别了友好的戒日王和天竺人民，携带大量佛经回到长安。"玄奘回来了！""玄奘回来了！"人们奔走相告，互相传递着这个让人兴奋的消息。玄奘从印度带回的佛经佛像等被陈列在长安的朱雀大街南端，供人们观赏。玄奘的归来，轰动一时。唐太宗听闻玄奘西游

西安大雁塔

归来,在洛阳亲自召见了他。玄奘叙述了一路的见闻和西域的风土人情。唐太宗要求他把曲折有趣的旅途见闻记录下来。从而形成了由玄奘口述、其徒弟辩机撰写的名著——《大唐西域记》。此书中记载了玄奘游历的110个国家的山川、城邑、物产、风俗,成为研究中亚、印度半岛以及我国新疆地区历史和佛学的重要典籍。

长安大慈恩寺内的翻经院是专供玄奘和徒弟们翻译佛经的场所。大雁塔是收藏佛经的地方。

23. 安史之乱

安史之乱发生于755年至763年,发动者是安禄山与史思明。他们企图争夺唐朝最高统治权,这场叛乱历经8年,经三代皇帝才平定。安史之乱是唐由盛而衰的转折点,也是造成唐代后期藩镇割据局面出现的原因。由于这一战乱爆发于唐玄宗天宝年间,故又称"天宝之乱"。

经历了唐太宗的"贞观之治"、武则天的"治宏贞观,政启开元"及唐玄宗统治前期的"开元盛世"后,唐代已然国泰民安,并在开元年间达到鼎盛时期。唐玄宗统治后期,由于社会太平很久,国家无战事,这使他丧失了向上求治的精神。唐玄宗改元天宝后,政治愈加腐败。他仍耽于享乐,宠幸杨贵妃,重用奸臣李林甫、杨国忠,不理朝政大事。

751年,安禄山兼任范阳、平卢、河东三镇节度使,统领边兵近二十万,日益骄横。他还认杨贵妃为干娘,经常出入朝廷,亲眼看到唐朝武备松弛,遂萌生篡夺最高权位的谋反之心。755年,安禄山伙同部将史思明,率领号称的二十万大军,于范阳(治所在今北京西南)造反,安史之乱爆发。唐玄宗闻讯,当即调兵遣将,进行回击。但由于杨国忠的胡乱干预,唐军兵

安禄山像

败灵宝，潼关失守，叛军直逼长安。唐玄宗带着杨贵妃、杨国忠兄妹及部分大臣、皇子，连同禁军将士一千多人仓皇逃跑，向蜀地逃窜。逃至马嵬驿（在今陕西兴平境内），禁军哗变，杀死宰相杨国忠，又要求唐玄宗杀死杨贵妃。唐玄宗被逼无奈，只好让高力士赐杨贵妃缢死。同时，太子李亨在部分大臣的拥戴下，北上灵武（今宁夏吴忠西南），即帝位，是为唐肃宗。肃宗亲率大军与大将郭子仪和李光弼对叛军开展大规模的反攻。期间，肃宗死，太子李豫即位，是为唐代宗。唐代宗用将得当，加之叛军已是强弩之末，最后唐军战胜了叛军，长达八年之久的安史之乱平息。

24. 岳飞抗金

我国古代的两宋，都不是统一全国的政权，与之并存的还有很多少数民族政权，其中著名的有辽、西夏、金等。12世纪初期，中国东北松花江流域的女真族杰出首领阿骨打称帝，建立金国。金先后灭掉辽国和北宋。北宋宗族赵构在北宋灭亡那一年称帝，即宋高宗，建立南宋，后来定都临安（今浙江杭州）。南宋初年，金军几次南下。高宗和他的父兄一样，懦弱无能，苟且偷安。他只知南逃，不敢抵抗，甚至一度乘船入海，不敢登陆。金军南进，给人民带来深重的灾难，一些主战派将领，坚决抗击金兵。如韩世忠、岳飞、吴璘、刘琦等，他们在各地抗击金兵，打了许多漂亮的战役，收复了部分失地。在南宋的抗金将领中，岳飞的抗战态度最坚决、功绩最大，但其结局也最悲惨。

岳飞出身于农民家庭，在抗金的战火中很快锻炼成长为一名优秀的将领。岳飞一生廉洁自律，心怀天下。有人问他："何时天下才能太平？"岳飞说："文臣不爱钱，武臣不

岳飞像

怕死，天下便可太平！"他的部队，纪律严明，"冻死不拆屋，饿死不掳掠"，老百姓称之"岳家军"。"岳家军"作战勇敢，成了南宋抗金斗争的中流砥柱。金军很惧怕他们，军中流传着一句话："撼山易，撼岳家军难！"

  1140年，金兀术率精兵15 000人向岳家军指挥中心郾城（今属河南）发动进攻。岳飞命其子岳云率轻骑进攻敌阵。金军则出动重铠骑兵"铁浮屠"（古人因称佛教徒为浮屠。佛教为浮屠道。后并称佛塔为浮屠，这里指一种阵式），做正面进攻。另以骑兵为左右翼，号称"拐子马"（即倒品字阵式）配合作战。岳飞随即派遣背嵬亲军和游奕军迎战，并派步兵持刀斧上阵，上砍敌兵，下砍马腿，扼制住了重骑兵发挥威力。双方从下午激战到天黑，宋军大获全胜，追杀金军几十里，收复了许多失地。这时黄河南北的众多义兵，都来响应岳飞的北伐，其他各路宋兵也转入局部反击，抗金斗争呈现一派大好形势。当时岳飞豪迈地说："乘胜追击，直捣黄龙府（金军的老巢），与诸君痛饮尔！"

  宋高宗和秦桧因为担心不断壮大的抗金力量会威胁他们的统治，竟然命令岳飞班师回朝！岳飞手捧宝刀，痛惜地说："十年之功，废于一旦！"

  在岳飞被强令班师后，宋高宗、秦桧为了扫清向金人议和的障碍，先后解除了岳飞、韩世忠等大将的兵权，然后和金秘密勾结。金兀术担心岳飞反对和议，派人授意秦桧杀害岳飞。宋高宗和秦桧见有望和议，担心留着岳飞成为障碍，于是便以"谋反罪"将岳飞父子及部将张宪逮捕入狱。抗金将领韩世忠去质问秦桧关于岳飞谋反的证据，秦桧拿不出证据，竟无耻地说道："莫须有。"韩世忠愤怒地回道："莫须有"三字何以服天下！和金达成"绍兴和议"之后，秦桧秉承宋高宗的旨意，伙同王氏、万俟卨（xiè）和张俊杀害了岳飞父子及张宪。岳飞时年39岁，临刑前他在狱案上挥笔写下"天日昭昭，天日昭昭"八个大字，以示对投降派的最后抗议。

  岳飞被害以后，有个狱卒隗顺冒着生命危险，偷偷地把他的遗骨埋在杭州钱塘江门外九曲丛祠旁。

宋高宗死后，南宋统治者为岳飞平反昭雪，用一品礼仪将其遗骸改葬在西湖边栖霞岭上，追封他为鄂王。后历朝历代都对岳飞墓进行过重修。重修后的岳飞墓前建有墓门，门前照壁上嵌着明人书写的"精忠报国"四个大字。在岳庙大殿里，屹立着全身戎装的岳飞塑像，塑像上方的匾额上，刻着岳飞亲笔题写的"还我河山"四个大字。在岳飞墓门对面，还立着杀害岳飞的凶手人像，分别是秦桧、他的妻子王氏、万俟卨和张俊，四个人反剪双手跪向墓的方向，这反映了人民对卖国贼的憎恨。墓门上对联写道："青山有幸埋忠骨，白铁无辜铸佞（nìng）臣。"

岳飞抗金是反对女真贵族对南宋人民的掳掠残杀，体现了南宋人民的坚定意志和追求自由生活不愿被奴役的气节，同时也体现了岳飞救国家于危难的英雄气节。

杭州栖霞岭的岳飞墓

25. 戚继光抗倭

戚继光是山东蓬莱人，出身将门，刻苦好学，深明大义，并且练就一身高强武艺。他十七岁继承父职，曾写下了这样的诗句："封侯非我意，但愿海波平。"反映了他忧国忧民、愿为祖国做贡献的理想抱负。后来他又考中武举，负责山东的防倭（wō）事务。他再次赋诗明志："遥知夷岛

戚继光像

浮天际，未敢忘危负年华。"意思是想起遥远的日本，但我不敢忘记它给我们带来的危害，从而辜负了自己的大好年华。

元末明初，日本的武士（日本的中小封建主，受大封建主的控制，最后成为大封建主的侍卫）、商人和海盗，常骚扰我国沿海地区，沿海居民把他们称为"倭寇"。

明朝中期，东南沿海防卫松弛，一些地方贪官、恶霸、奸商等，纷纷勾结倭寇。倭寇乘机侵犯，在浙江、福建、广东沿海肆意烧杀抢掠，倭患空前严重。为此，明政府将抗倭将领戚继光从山东沿海调到江浙沿海抗倭。戚继光一到浙江就与俞大猷一起抗倭，三战三捷。但戚继光发现原来的明军军纪不够严明，训练不精，士气萎靡，素质太低。于是，他决心训练一支新的、纪律严明、训练有素的军队。他亲自到浙江义乌招募新兵。他不收那些偷奸耍滑、贪生怕死的人，而从农民和矿工中精选了三千吃苦耐劳、强壮灵活的人，组成了一支全新的军队。经过戚继光的严格科学的训练，短短几个月，这支队伍便成为一支作风顽强、纪律严明、英勇善战、训练有素、武器精良的部队。倭寇称戚继光为"戚老虎"，老百姓称这支队伍为"戚家军""仁者之师"。

戚继光率领"戚家军"开赴台州（今浙江临海），清剿流窜于台州的倭寇。有一次，戚继光率领部队将倭寇驱逐到太平（今浙江温岭）的南湾。倭寇占据在海岸边的高山上垂死挣扎，向戚家军不断投来如雨点般的箭和石头。戚继光沉着地想着对敌良策。突然，他对弟弟戚继美大声说："有了！"并示意他的弟弟像他一样拿起弓箭。两人拿起弓箭，沉着地拉弓射箭，正好射中两个倭寇头目。其他倭寇见状顿时被吓住，不断向后退缩。戚家军便高声呐喊着冲上山顶。倭寇只好向海边退去，最后这些倭寇不是被杀死，就是掉进海里淹死。戚家军在人民群众的大力支持下，一路打了许多硬仗，九战九捷，迅速荡平了浙江的倭寇。

戚继光抗倭的光辉业绩已被载入史册。

26. 郑和下西洋

郑和，姓马，小名三保，回族人。其祖父、父亲都曾由海路到过阿拉伯，朝拜过伊斯兰圣地天方（麦加）。由于受到家庭的熏陶，郑和从小就练就了吃苦耐劳的精神。后来入宫当宦官，被派往燕王（后来的明成祖）府当差。燕王发动靖难之役，他随燕王朱棣冲锋陷阵，屡建奇功。明成祖即位后，提升郑和为内官太监的首领，赐姓郑。

郑和像

明初经过几十年的发展，社会经济繁荣，国家实力增强，成为世界上最强盛的国家。在这个形势下，雄才大略的明成祖产生了派遣使团出海，与西洋（指今文莱以西的东南亚和印度洋沿岸地区）各国互通贸易、宣扬国威的想法。另外，他从私人角度考虑，希望能够通过遣使远航寻找在靖难之役中失踪的建文帝。郑和就成为明成祖心中能够担当这一大任的最合适人选。

经过几年时间的筹备，以郑和为钦差使臣的船队终于建成。这个船队拥有当时世界上第一流的海船，懂得当时世界上最先进的航海技术，各类人员齐全，共二万七千八百多人。1405年，庞大的船队驶离刘家港（今江苏太仓），出长江口南下，浩浩荡荡地行驶在浩瀚的大海上。郑和在描述船队远航的情景时说："观夫海洋，洪涛接天，巨浪如山……而我之云帆高张，昼夜星驰，涉波狂澜，若履（行走）通衢（宽广的大道）……"

从1405年到1433年，郑和船队前后七次下西洋。每到一地，他们先会见当地的国王、首领，赠送礼品，表达通好的愿望。接着，同当地的官员和商人开展贸易。他们到达各国，大都受到热烈欢迎。所带的丝绸和瓷器最受当地人喜爱。他们也从各国换来当地的特产与珍禽异兽，如象牙、宝石、胡椒、硫黄以及狮子、鸵鸟、长颈鹿、金钱豹

郑和船队

等。每当船队返航时,很多国家的国王和使臣会偕同船队一起前来中国访问。郑和的远航,促进了我国和亚非各国的经济文化交流。

当然,这几次远航也遇到很多困难,甚至有些困难是难以想象的。如远洋航行,前无古人,没有经验可以借鉴。远洋航行怎么操作?每到一个地方首先要了解当地习俗,语言不通如何交流?特别是遇到海盗,怎么应付?通过不懈的努力,这些困难都一一得到克服。有一次,当船队途经马六甲海峡时,遇到一伙海盗。海盗的首领是个叫陈祖义的广东人。据说明太祖年间,他就纠集一帮人,猖獗地横行于海上。他们抢劫过往的商船,无恶不作。据郑和侦察,海盗陈祖义想乘机抢劫郑和船队,于是郑和下决心借此机会消灭他们。郑和先来个文的,写信希望陈祖义投降。陈祖义表面答应,暗地里却准备乘黑夜偷袭宝船。但郑和早得到密报,就给陈祖义来个武的。当海盗船进入郑和他们的包围圈后,郑和船队的大船桅杆上高高升起一盏盏红灯,把海面照得灯火通明。海盗们惊慌失措,被郑和船队包围,在很短的时间内就被全部歼灭。郑和乘胜追击,把陈祖义的老巢也端掉了。

1430年,郑和第七次远航。已是花甲之年的郑和,老当益壮,毅然担起出海远航的重任。可惜的是,此次远航归来不久后郑和便去世了。郑和七次下西洋,到达亚非三十多个国家和地区,最远到达红海沿岸和非洲东海岸,比欧洲航海家开辟新航路早半个多世纪。郑和是我国乃至世界历史上伟大的航海家。至今亚非的许多国家和地区还保留着不少和郑和远航有关的遗迹,如泰国的"三宝庙"、印度古里的纪念碑、爪哇的"三宝垄"等。

27. 郑成功收复台湾

从元朝末年开始，我国陆续遭到外国的入侵，这是以前从来没有遇到的新情况。明朝时期，具体说就是1624年，荷兰殖民者侵占我国的宝岛台湾。与台湾隔台湾海峡相望的，就是我国的福建省。一位名叫郑成功的少年，曾亲眼目睹荷兰侵略者在家乡福建沿海地区的抢掠行径。所以他从小就在心中埋下了对侵略者仇恨的种子。

郑成功像

1661年4月21日，郑成功亲率两万五千将士，乘数百艘战船，从金门出发，横渡台湾海峡，抵达台湾西海岸。郑成功一面指挥舰队驶入台湾城（今台湾东平地区）、赤嵌（今台南）两座城堡之间，切断两座城的联系；一面命令数千士兵登陆，包围赤崁城，断绝城里的水源。荷兰军队出击，惨遭失败，被迫投降，但提出愿意向郑成功进贡，郑军必须退出台湾的无理要求。郑成功当然严词拒绝，警告说："台湾自古就是中国的领土，可惜被你们霸占了多年。今天我来索取，你们必当归还。否则，我们就坚决进攻，直到把你们赶出台湾！"荷兰军队不服，继续负隅顽抗。既然这样，郑成功就来了个"围点打援"的战术，先是全歼来援的荷兰舰队，然后包围城内荷军八个月。1662年，荷军投降。至此，郑成功从荷兰侵略者手里收复了沦陷38年的我国神圣领土台湾。

郑成功收复台湾，驱逐了荷兰殖民者，维护了中华民族的利益，捍卫了中国主权和领土的完整，是中华民族反对外来侵略的成功尝试，具有极其重大的历史意义。可惜，他收复台湾的当年就去世了，年仅39岁。中华儿女将永远铭记这位有着丰功伟绩的民族英雄。郭沫若曾撰写了一副赞颂郑成功历史功绩的对联："开辟荆榛（指台湾，意思是比喻当时台湾的荒芜）千秋功业，驱除荷虏（指荷兰殖民者）

一代英雄。"

郑成功抗击荷兰殖民者，收复台湾，是民族大英雄！但他还有一个身份就是抗清将领，一直和清朝对抗着。后来清军进入台湾，郑成功的后代归顺清朝。1684年，清朝设台湾府，隶属福建省，从而加强了台湾与祖国大陆的联系，促进了台湾的开发，巩固了祖国的海防。

28. 金瓶掣签

元朝是我国历史上第一个由少数民族建立的统一全国的朝代，疆域空前辽阔。为加强对西藏的管辖，元政府在中央设宣政院，负责管理藏族地区的行政事务。由此，西藏成为元朝正式的行政区，成为祖国领土不可分割的一部分，意义重大。

清朝时候，对西藏的管理力度加大了，主要措施有三条：确立册封达赖和班禅（他们是西藏佛教首领）的制度，设立驻藏大臣（代表中央政府，与达赖、班禅共同管理西藏事务），确立金瓶掣签制度。

清政府颁赐的金瓶

为使西藏长治久安，乾隆皇帝派人与达赖、班禅的僧俗要员商议，制定出《钦定二十九条章程》。该章程使清王朝治理西藏的制度更加完善，得到西藏上层由衷的拥护。《钦定二十九条章程》第一条就立下了金瓶掣签制度。这一制度分三步进行。第一步，寻找转世灵童。西藏的佛教规定，与达赖或班禅圆寂（佛教对僧尼死亡的一种美称）同一时刻出生的民间婴儿为转世灵童。第二步，金瓶掣签。即用满、汉、藏三种文字将找到的转世灵童的名字及出生年月写在象牙签牌上，再装入瓶内，由驻藏大臣监督掣签确定。达赖或班禅以其转世灵童作为继承人。如果找到的灵童仅有一名，亦须将一个有灵童名字的签牌，和一个没有名字的签牌，共同放置瓶内。假若抽出没有名字的签牌，就不能认定已寻得的儿童，而需要去另外寻找。第三步，坐床。西藏的佛教规定，达赖、班禅的转世灵童，必须经过升座仪式，这种仪式叫作"坐床"。"坐床"后的转世灵童，由驻藏大臣报请朝廷批准，才能成为真正的继承人。

金瓶掣签（又称为金瓶鉴别）是藏族认定藏传佛教最高等大活佛转世灵童的方式，是清王朝乾隆年间正式设立的制度。自此以来，藏传佛教活佛达赖和班禅转世灵童需在中央代表监督下，经金瓶掣签认定。

金瓶设立了两个，一个放在北京雍和宫，专供蒙古地区大活佛转世灵童掣签用。另一个置放在拉萨大昭寺，专门供西藏、青海等地掣签订大活佛转世灵童。

1949年中华人民共和国成立后，第一个用金瓶掣签认定的大活佛是第十一世班禅额尔德尼·确吉杰布。

五 地理文献

1.《山海经》

《山海经》是我国上古时期一部有关地理、山川、历史、神话、宗教等知识的百科全书式著作,具有很高的文献价值。全书现存十八篇,其中《共藏山经》五篇、《海外经》四篇、《海内经》五篇、《大荒经》四篇。分为《山经》《海经》两大类,其中最具有地理价值的部分为《山经》(又称《五藏山经》)。全书三万余字,被称为"史地之权奥,神话之渊府"(袁珂语)。

该书成书年代久远,后人理解难度甚大,以致疑窦丛生,对它的彻底破解尚需时日,有待后来人。

该书作者不详,至今未有定论,古人认为该书是"战国好奇之士取《穆王传》,杂录《庄》《列》《离骚》《周书》《晋乘》以成者"。当代学者袁轲认为,《山海经》不是一时一人所作。

《山海经》图

《山海经》内容包含广泛，它虽然不是专门的地理学著作，但其主要内容蕴藏着丰富的地理学宝贵资料，其地理学内涵是居于首位的。该书从多个方面有秩序、有条理地记录了各地的自然地理特征和人文地理特征。自然地理特征包括记载了众多的山川、水文、物产、动物、植物、矿藏，其中书中记载了约五百五十座山，三百条水道，三百余处矿物产地，七八十种有用矿物，并将其分为金、玉、石、土四类。人文地理特征包括记载了当时的一些区域的社会经济发展、科技成就、风俗文化等。书中还有许多关于先民对于疆域的开发的记述。因其书中自然地理和人文地理的记述，有学者据此认为：《山海经》是中国第一部地理志。

明清以前更早的《山海经》版本还附有古图，由于种种原因，这些古图画早已失传了。现在我们所看到的附图绝大多数都是选用明清学者《山海经》版本的附图。

2.《尚书·禹贡》

《禹贡》是我国最早的一部历史文献《尚书》中的一篇，是我国最早的自然和区域地理学著作。

该书作者不详，著作时代尚无确切定论。不过，多数学者认为它是战国时期的作品。

禹，又称大禹，是我国古代最早的王朝——夏朝的开国君主。贡，有两种不同理解。传统上认为，贡即贡法，书名《禹贡》即是说，在大禹治理洪水后制定的贡赋之法。还有一种说法，认为贡就是"功"的意思，《禹贡》是记述禹疏浚洪水、重整河山之功，而贡赋所占文字比重不过四分之一左右。

《禹贡》是在上古时期生产力水平低下、巫觋降神的风尚盛行的历史条件下撰写的。《禹贡》朴实地记述了全国各区域内各种地理现象，对于早期著作中包含的许多神秘思想观念有了新的突破，成为中国早期区域地理研究的范例，唐宋以来众多地理著作多以此书为援引对象，今人研究中国历史地理也以此为重要参考文献。

禹贡九州图

《禹贡》全书由九州、导山、导水、水功和五服五个部分组成。与《山海经》相比，《禹贡》更富于科学性。它最先采用区域研究的方法，以山脉、河流等作为自然地理实体的标志，将全国区域划分为九部分，即冀、兖、青、徐、扬、荆、豫、梁、雍等九州，并对每个州的自然和人文地理现象进行了简要的描述。《禹贡》中所描述的当时中国地理区域包含长江、黄河中下游以及长江黄河之间的平原和山东半岛，西达包含山西、陕西中南部的渭水和汉水的上游。

《禹贡》是我国古代地理著作的开山之作，是研究上古时期地理状况最重要的文献资料，对地理学发展具有重要影响。

3.《汉书·地理志》

《汉书·地理志》是我国东汉时期史学家班固所著《汉书》中的一部分，是我国正史中的第一部地理志。其内容包括西汉及之前中国疆域及政区的划分及消长演变情况。班固通过对地理和历史的探究，按风俗和经济特点划分不同地域，描述了各个地域的范围、地理、民生、历史、风俗和特点，以及中外交通和交流的情况。它开创了以疆域政区为纲领来记述当代地理情况的正史地理志体例，是中国最早以"地理"为书名的著作。

《汉书·地理志》共上、下两分卷，可分为三部分。第一部分简述了黄帝之后至西汉以前历代总的疆域变迁；第二部分是全书的主体，以西汉的政区郡县为纲详细地介绍了西汉各地的山川、湖沼、水利、物产、民俗以及户口的沿革等情况；第三部分简单地描述了秦汉以来中国与东南亚一些国家和地区的关系和海上交通情况。全书重点是第二部分的"风俗"内容，作者通过对地理与政治关系的分析，讽谏统治者应关注各地风俗，从地理实际出发实施其政。

《汉书·地理志》对我国地理学的发展产生了较大影响。班固所开创的疆域地理志体例被后世的正史地理志所仿效，成为历代正史地理志的典范。它开辟了一门沿革地理研究的先河，促进了后世沿革地理学的蓬勃发展。从《汉书·地理志》开始，形成了古代地理学体系，这对于创立具有现代科学意义的历史地理学也具有重大影响。

《汉书·地理志》作为中国疆域政区沿革研究的基础，成为后学者研究中国疆域政区的重要参考资料，它也是我国疆域地理和汉代地理研究的必读书目。

4.《水经注》

《水经注》是中国古代一部具有重大科学价值的杰出的地理著作。该书作者是北魏晚期的地理学家、散文家郦道元。

《水经注》因注《水经》而得名。《水经》全书约一万余字，是中国第一部专门研究河道水系的专著，书中列举大小河道137条，文字相当简略。郦道元通过亲自调查研究和实地考察，寻访古迹，追本溯源，为《水经》作注，丰富了《水经》的内容，使《水经》的内容更详尽，更符合实际。据统计，郦道元前后共参考了437种书籍，才最终完成了《水经注》这一地理巨著的写作。《水经注》表面是为《水经》做注解，实际上是在《水经》基础上比原著丰富得多的再度创作。文字内容上，《水经注》共40卷，30多万字，比《水经》文字增加了20多倍；记载的河流水道，《水经注》比《水经》增加了近千条。在写作体例上，该书以水道为纲，详细记录各地地理状况，开创了古代综合地理著作的一种新形式，使其成为我国古代最系统、最全面的综合性地理著作，对中国地理学的发展做出了重要贡献，在中国

《水经注》书影

甚至世界地理学史上都具有重要地位。

《水经注》内容包括了自然地理和人文地理的各个方面。在自然地理方面，所记大小河流有1 252条，湖泊、沼泽500余处，泉水和井等地下水近300处，伏流有30余处，瀑布60多处，各种地貌近2 000处。在植物地理方面，记录了140余种植物品种；在动物地理方面，记录了100多类动物。在人文地理方面，记录了两岸的城邑山陵、珍物异事、掌故旧闻、风土人情、农田水利建设等，还记录了2 800座县级城市和其他城邑。《水经注》所记载的一些政区建置往往可以补充正史地理志的不足。在兵要地理方面，记录了不下300次的战役，很多战役生动说明了利用地形、熟悉地理的重要性；在交通地理方面，包括陆路、水运交通，其中记载津渡近100处，记载桥梁100座左右；在经济地理方面，记录了大量农田水利资料。

《水经注》内容丰富，价值甚高。在地理方面，我们可以利用它来研究古代水道变迁、湖泊湮废、地下水开发、海岸变迁、城市规划、历史时期气候变化等诸多课题。

《水经注》是中国北魏以前的古代地理总结，由于书中所引用的大量珍贵文献很多早已失传，所以《水经注》保存的许多资料，对研究中国古代的地理、历史有很高的参考价值，可以校正或辑佚一些古籍。

5.《华阳国志》

《华阳国志》又称《华阳国记》，由东晋人常璩撰于晋穆帝永和四年至永和十年（348—354）。该书记录了中国古代西南地区的地理、历史、人物等内容，是宋代以前流传至今的最早的一部地方志。全书将地理、历史、人物三者有机结合，开创了地方史志编写的新体例。此书内容丰富，考证详明而真实，在很多方面都留下了宝贵的可靠史料，是研究中国古代西南少数民族史和西南地方史以及成汉、蜀汉史的重要史料。

该书记录区域为晋代梁、益、宁三州（今四川、陕西汉中及云南部分地区）。全志约十一万余字，共十二卷。全书篇目依次分为巴志，汉中志，蜀志，南中志，公孙述、刘二牧志，刘先主志，刘后主志，大同志，李特、李雄、李期、李寿、李势志，先贤士女总赞，后贤志，序志并士女目录等。

该书记录了从远古到东晋永和三年期间以益州为中心的中国西南地区的地理和历史。内容大体由三部分组成：第一部分，一至四卷主要记载巴、蜀、汉中、南中各郡的历史、地理；第二部分，五至九卷记述了西汉末年到东汉初年割据巴蜀的公孙述、刘焉刘璋父子、刘备刘禅父子和李氏成汉四个割据政权以及西晋统一时期的历史；第三部分的第十卷至第十二卷记载了梁、益、宁三州从西汉到东晋初年的"贤士列女"。

刘琳在《华阳国志校注·前言》里指出："从内容来说，是历史、地理、人物三结合；从体裁来说，是地理志、编年史、人物传三结合。"常璩这种将众多方面综合在一部书中叙述的方式，从内容和体例上都具备了方志的特点，但又不同于传统方志偏重于记录某一区域的特点，这种区别正是《华阳国志》在中国方志史上的开创，并使其成为宋代以来方志之鼻祖。

6.《洛阳伽蓝记》

《洛阳伽（qié）蓝记》简称《伽蓝记》，是记述北魏洛阳伽蓝（佛寺）的地理著作。作者是北魏人杨炫之。北魏迁都邺城十余年后，作者重游故都洛阳，观佛寺盛衰，感慨伤怀，故寄故国哀思，著成此书。该书以北魏佛教的盛衰为线索，以洛阳城的几十座寺庙为纲领，以寺庙为纲维，先写立寺人、地理方位及建筑风格，再写相关人物、史事、传说、逸闻等，《四库全书》将其列入史部地理类。书名中"伽蓝"，来源于梵语"僧伽蓝摩"简称，原意是指寺院。

全书共五卷，作者按地域分别叙述，把洛阳相应地分为城内、城东、城西、城南、城北五部分。其体例为先写立寺人、地理方位及建筑风格，再写相关人、事、轶闻传说等，通过对佛寺规模和兴废的描写，反映当时政治经济背景和社会风土人情。书中叙述洛阳的建筑，体例清晰，井然有序，是北魏洛阳城市规划、建筑和园林艺术研究的重要参考资料。其内容非常丰富，主要是记录洛阳城的伽蓝（佛寺），同时也记叙了当时的地理风俗、名人轶事、奇谈异闻等，再现了当时京城的地理历史风貌，还原了当时史实，纠正了当时正史的曲笔，弥补了正史记载的不足，是我国南北朝时期一部优秀的地理历史作品，在地理历史研究中占有重要地位。后人将《洛阳伽蓝记》与郦道元的地理名著《水经注》并称为"北朝文学双璧"。

《洛阳伽蓝记》文笔清新，散中带骈，叙事形象生动，引人入胜，颇具特色。书中有不少文学色彩较浓的传说轶闻，作者在对其叙写中将朝代历史地理人文融入其中，叙写方式独特，使其被称为北魏三大奇书之一。

7.《括地志》

《括地志》是唐代地理总志。该书记录了唐朝贞观年间疆域政区的改革状况，反映了盛唐时期地理情况和行政区划，由唐太宗第四子魏王李泰主修，著作郎萧德言等编撰。

李泰于太宗贞观十二年（638年）奏请开编《括地志》，十六年书成表上。卷首《序略》五卷，总叙历代州、郡分划制度；正文五百五十卷，叙写贞观十三年（639年）唐王朝对全国政区进行的改革。按当时区划，将全国划分为10道358州1551县。书中叙述各州、县的建置沿革、山川古迹、神话传说、物产风俗、重大事件等。其后唐宋著作多引用《括地志》内容，南宋后此书散佚。散佚后，该书仍被各家传抄引用，可见它在当时的影响及价值。本书体例有创新，开唐宋总志体例写作的先河。

清代嘉庆二年（1797年），孙星衍就唐、宋人所征引将该书辑为八卷，刻于《岱南阁丛书》中。但孙星衍所辑错误不少。其后清代人陈其荣和民国曹元忠又各补辑数条。近人贺次君参考众多资料，又补辑数十条，以《括地志辑校》为名，理为四卷，1980年由中华书局出版，这是迄今为止最为完整的辑本。现在辑本比孙星衍所辑本多几十条，但离原著五百五十卷的分量相距太远，且为断章摘句、残篇断简，不足以窥见原书整体风貌，但包括了整部《史记》内的地名解释，是研究《史记》地名和唐以前地理的重要参考资料。

8.《梦溪笔谈》

《梦溪笔谈》的作者是北宋科学家、政治家沈括（1031—1095）。该书详细记载了古代劳动人民在科技方面的贡献和作者一生的见闻及见解，反映了北宋时期自然科学的巨大成就。

该书祖本散佚不见，现我们所能看到的最古版本是元大德九年（1305年）东山书院刻本。该刻本《梦溪笔谈》共分30卷，包括《笔谈》《补笔谈》《续笔谈》三部分。《笔谈》二十六卷，分为十七门；《补笔谈》三卷，包括十一门；《续笔谈》一卷，不分门。全书有十七目，共六百零九条记述，内容包括地理、气象、历法、数理化、医药、技术、文艺、生物、农业、水利等诸多领域。这些条目中有关地理学方面的内容就有很多，体现了他的主要地理思想和贡献。

自然地理方面，沈括科学观察并正确解释了包括古环境变迁、流水侵蚀、植

沈括像

物地理分布、海陆变迁等方面的自然地理现象，这些为后人进行自然地理研究提供了宝贵的资料。沈括在考察温州雁荡山时，深刻研究了雁荡山独特地形地貌形成的原因，指出："原其理，当是为谷中大水冲击，沙土尽去，唯巨石岿然挺立耳"（《梦溪笔谈》卷二四），正确地指出了"流水侵蚀作用"。他的这一观点要比"近代地质学之父"赫顿于1788年在《地球理论》一书中提出的侵蚀作用理论早700年。

政治经济地理方面，沈括记录了的各地重要物产及地理环境，为研究北宋政治经济地理提供了宝贵资料。

沈括在地理实践上成就也很突出。《天下州县图》作为北宋当时的全国地图集，就是沈括绘制的；他还修正了制图六体。他又利用自创的分层筑堰水测法，实测了自京城汴梁（今开封市）上善门至泗州（今江苏盱眙）入淮口长840里130步的汴河河道高差等。沈括的许多地理实践和见解，在我国和世界科学史上都具有十分重要的价值。英国科学史家李约瑟评价《梦溪笔谈》为"中国科学史上的里程碑"。

9.《徐霞客游记》

《徐霞客游记》是明代地理学家、旅行家徐霞客（1587—1641）所著的一部日记体游记。后经季梦良等对游记手稿进行整理，于崇祯十五年（1642年）编辑成书。

该书记录了作者30多年间旅行经历和考察所得，按日记体形式记载了当时各种地理现象、气候状况、自然规律、动植物情况，乃至少数民族地区的风俗习惯、经济状况等。徐霞客对我国地理学做出了重要贡献。

自然地理方面：他对我国石灰岩地貌的分布区域、地貌特征及其发育规律进行了详细考察探究，居世界先进水平。徐霞客对中国水文地理学的发展也做出了杰出的贡献，书中用较大的篇幅记叙了各地的水文特征、水体类型，记载大小河流551条。他还纠正了古代文献有关中国水道源流记载的一些错误；为批驳《尚书》以来"岷山导江"的错误说法，他专门写了《江源考》，肯定了金沙江乃长江上源的事实，为人们客观地认识江源做出了贡献。徐霞客还对火山、地热进行了记录。

徐霞客旅行路线图

人文地理方面：徐霞客还对各种人文地理现象进行了细致考察与记录。这些人文地理现象包括各地民情风俗、城镇聚落、商业贸易、手工业矿业等。书中记载了十二种矿物的产地、开采和冶炼情况，成为明代重要的矿冶史料。植物学方面，他观察记录了很多植物种类及其地理分布的规律，明确提出了地形、气温、风速对植物分布和开花早晚的各种影响。同时他也描绘了中国大好河山的优美风光，在地理学和文学上都有着重要的价值。

《徐霞客游记》在我国乃至世界地理学史上都有着重要的地位。

10.《海国图志》

《海国图志》是清代思想家魏源编著的一部世界地理历史知识的综合性图书。全书引用中外古今近百种资料，系统、详实地介绍了当时西方地理、历史、政治、科技等方面的知识。该书主张学习西方国家先进科学技术，提出"师夷长技以制夷"思想，是一部具有划时代意义的杰作。

《海国图志》书影

魏源受林则徐嘱托，在林则徐主持编译的《四洲志》基础上，广泛搜集当时其他文献书刊资料，并结合自撰的多篇论文扩编，于道光二十二年初次刻板，编成共计五十卷的《海国图志》。此后，他对《海国图志》多次修订。咸丰二年，全书增补为一百卷。

《海国图志》详细记载了各国气候、物产、交通贸易、民情风俗等内容，这些方面都超过了《四洲志》。《海国图志》以66卷的篇幅，详细叙述了世界各国地理历史，同时向世人提供了80幅全新的世界各国地图，开阔了国人的视野。通过该书，国人开始开眼看世界，认识近代世界的新鲜事物，打破了长期以来国人封闭寡闻的状况。作者树立的新的世界史地知识观，从理论上赞同研究世界史地理历史的必要性，开辟了近代中国向西方学习的新风潮。《海国图志》也被后人誉为为国人谈世界史地"开山"之作。

梁启超赞誉说："治域外地理者，（魏）源实为先驱。"（《清代学术概论》）他在该书中所阐述的"师夷长技以制夷"思想，至今对中国仍有很大的影响。

六 区域文化

1. 中原文化

中原文化是一种地域文化,是指以河南省大部分区域为中心的黄河中下游地区在长期的生产和生活中所形成的物质文化和精神文化的总称。从上古至唐宋,中国的文化中心一直在中原地区,中原地区便成为中华文明的发源地、文明的摇篮,成长为中华文化的重要源头及核心组成部分。中原地区先后有20多个朝代定都的历史,包括开封、洛阳、安阳和郑州在内的中国八大古都的一半也定都于此,这里长期是古代中国的政治、经济、文化中心。中原文化凭借特殊的地理环境、人文精神和历史地位,在中国历史长河中长期居于主流正统地位。从某种程度上说,中原文化也代表着中国传统文化。

中原文化与中国文化形成的直接关联,是中原文化的地域性与其他地域文化明显不同的一个显著特点。黄河中下游肥沃的泥土和适宜的温度气候等诸多便利的自然条件,使得这里在诸多地域文化中率先进入文明时期,上古时就形成了发达的农业文明。农业文明还衍生了其他的文明,为中国后世的政治制度、文化礼仪制度提供了基本的范本。由于中原文化强大的辐射力,在中国文化的整体格局中,中原文化一直占据重要地位。在历史上,中原文化凭借先进的生产方式、军事扩张、移民迁移等多种方式,由中原逐层向四方辐射传播,影响延及海外。

中原文化在整个中华文明体系中具有发端和母体的地位,对构建整个中华文明体系具有开创作用,在中华文化系统中处于主体、主干的地位,还具有兼容并蓄的包容性以及很强的辐射力和影响力。这些都使得中原文化成为中华文化之根,成为中华文明不竭的源泉和动力。

2. 齐鲁文化

齐鲁文化是"齐文化"和"鲁文化"的合称。"齐文化"产生于东海之滨的齐国，是在以姜太公为代表的道家思想学说的基础上吸收当地东夷文化发展起来的。"鲁文化"产生于春秋时期的鲁国，是在以孔子为代表的儒家思想学说的基础上发展起来的。两种文化在发展过程中形成了各自鲜明的特色。齐文化求革新，鲁文化重传统；齐文化尚功利，鲁文化重伦理。在历史的发展中，两种文化逐步融合在一起，形成了具有丰富内涵的齐鲁文化。

战国时期，孟子在齐国二度游学，开启齐文化与鲁文化融合的序幕。孟子在齐国十几年的居住期间，其学术思想逐渐受到稷下道家的影响。孟子之后，在齐、鲁文化融合中荀子起到了至关重要的作用。荀子在学习儒学时也照顾到齐学，他的儒学思想也得以丰富和完善，他又通过学术交流，把自己的儒学思想在齐国传播开来。在此背景下，特别秦汉以后，随着国家的大一统，齐文化和鲁文化逐渐走向融合，共同构筑了山东人的齐鲁文化，成为中国传统文化的主干，在中国传统文化中发挥着重要作用。

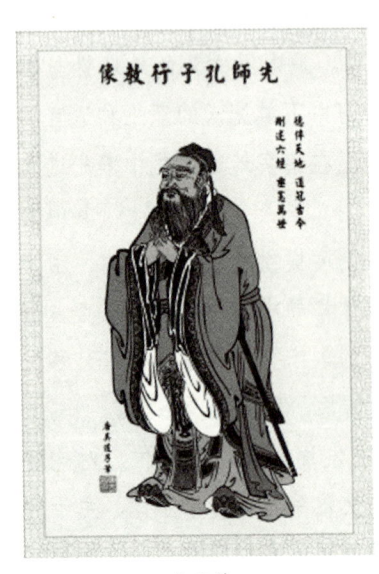

齐鲁文化之所以能在中国传统文化中发挥重要作用，离不开其基本精神。这些基本精神包括：自强不息的刚健精神、民贵君轻的民本精神、经世致用的救世精神、厚德仁民的人道精神、崇尚气节的爱国精神、大公无私的群体精神、人定胜天的能动精神、勤谨睿智的创造精神等。这些精神，对我们民族优秀传统精神的形成具有重要影响。齐鲁文化在中国文化和文明发展史上占有重要的地位。

孔子像

3. 荆楚文化

荆楚文化是一种具有鲜明湖北地方特色的区域文化形态。今天湖北省的大部分区域在古时称为"荆楚",所以现在我们有时也称湖北为"荆楚大地"。荆楚文化作为一种地域文化,兴起于周代至春秋战国时期,因江汉流域的楚国和楚人而得名。古代荆楚历史文化以当今湖北省大部作为主要辐射区并向周边传播。荆楚文化,作为一种具有鲜明地域特色的文化形态,从断代的静态角度看,主要是指以当今湖北为主体的古代荆楚历史文化;从发展的动态角度看,荆楚文化包括该地古代历史文化以及从古至今乃至未来湖北所形成的具有地方特色的文化。因此,从文化形态来看,荆楚文化具有鲜明湖北地域特色。从历史发展的角度看,荆楚文化的内涵主要包括八大文化系列:炎帝神农文化、楚国历史文化、秦汉三国文化、清江巴土文化、名山古寺文化、长江三峡文化、武汉地方文化、近现代革命文化。

虎座凤架鼓

荆楚文化的发祥地是湖北,湖北也是古代楚国的政治、经济和文化中心。荆楚文化的发展轨迹从物质文化和精神文化的双重角度来审视的话,我们可以看到它在创业精神、开放精神、创新精神、爱国精神、和合精神等五方面具有创新特质。荆楚文化的这些创新特质,既是时代的产物,又是民族精神和优秀民族文化的具体展现,是当今发展先进文化的重要精神遗产,也是中国优秀传统文化的重要资源。

荆楚文化源远流长,博大精深,它承袭了商周时期许多文化特点,具有鲜明的地域特色和巨大经济文化价值。例如被称为中国浪漫主义文学源头的楚辞,直接影响了汉赋的产生。楚辞与其他楚文化精华一起构成了辉煌的荆楚文化。荆楚文化作为华夏文化的重要组成部分,在中华文明发展史上具有举足轻重的地位。

4. 巴蜀文化

巴蜀文化是巴文化与蜀文化的合称。它是一种具有鲜明四川、重庆地域文化特色的区域文化形态。从地域上说，古时巴蜀相当于今天的四川省、重庆市。巴蜀文化起源于商代，见名于春秋，交融于战国后，主体气质形成于秦汉。巴的进取与蜀的兼容逐渐融合，形成巴蜀文化。

巴人以重庆为中心展开活动，后活动扩大到湖北西部、四川东部、陕西南部及贵州北部地区，逐渐形成了以重庆为中心的巴文化。蜀人活动于川西、陕南、滇北一带，由三个古族融合形成蜀，后蜀成为西周封国。巴人尚武，蜀人崇文，巴文化与蜀文化有着明显的区别和各自的特点，在长期的民族文化交流过程中形成了自身的地方特色和巴蜀人的特色，二者有着割舍不断的关系。

古时交通困难，巴蜀盆地封闭的地形对巴蜀文化的封闭性产生了较大影响。封闭性又激起了巴蜀先民开拓进取、改善自身环境的勇气和决心。在此情况下，环境与文化的交融，形成了巴蜀先民封闭中有开放、开放中有封闭的个性。随着时代的发展，巴蜀文化形成了开放和兼容的特点。

巴蜀文化在融合发展中与中原、楚、秦文化相互渗透相互影响，其对外辐射能力近到对西南各族包括滇黔夜郎、昆明夷、南诏文化等产生辐射，远到对东南亚辐射和产生长远影响。巴蜀文化冲破了自身地域特色的限制，进而具有大西南意义和国际文化交流意义。

巴蜀文化历史悠久，源远流长，在中国上古三大文化体系中占有重要地位，它与三晋文化、齐鲁文化等地域文化共同构成了辉煌的中国文明。巴蜀大地是中华民族的又一摇篮，是人类文明的发祥地之一。

太阳神鸟金箔

5. 吴越文化

吴越文化是以太湖流域为中心的一种地域文化，是汉文明的重要组成部分。吴越文化以钱塘江为界，可分为"吴文化"和"越文化"，两者同源同出。吴越在历史上的范围相当于今天的上海、江苏南部、浙江、安徽南部、江西东北部。吴越文化又称江浙文化。

先秦典籍对吴越文化鲜明的标志形式多有记载，这些标志有舟楫、农耕、印纹硬陶以及好勇尚武、断发文身等。吴越文化在历史的发展过程中经历了河姆渡文化、良渚文化、西湖文化、丝绸文化等文化标志。"吴文化"和"越文化"通过文化交流相互借鉴吸收而渐趋融合，在激荡、流变与集成中融汇多种文化特质形成了一种新的文化类型。

吴越文化的审美取向，早期以尚武逞勇为风气。晋室南渡后，注入了"士族精神、书生气质"，士族文化的特质得到改变，并开始成为中国文化中精致典雅的代表。

唐代时吴越经济开始超过北方，进一步扩大了其影响力。在战争和多次少数民族短期统治中，北方地区文化开始淡化，吴越文化在保留了较多当地土著文化的同时又保留了较多的传统中国文化。南宋以来，吴越文化向精致化方向发展，南宋和明朝吴越人开始赶超中原及北方，成为官场主流；随着近代工商业的萌芽，吴越文化又平添了一种奢华之习。

吴越文化在发展中逐渐形成了海纳百川、聪慧机敏、经世致用、敢为人先的文化内涵特质。

6. 岭南文化

岭南是对我国南方五岭以南地区的统称。五岭之南的地区主要是汉族地区，自古以来，岭南地区属汉地九州中的扬州。由于历代行政区划的变动，现在提及岭南一词，特指广东、广西、海南、香港、澳门三省二区，亦即当今华南区域范围。

岭南文化是指中国岭南地区文化，涵盖学术学、文学、绘画、书法、音乐、戏曲、工艺、建筑、园林、民俗、宗教、饮食、语言、侨乡文化等众多内容。从地域上，岭南文化大体又分为广东文化、桂系文化和海南文化三块区域，尤其以属于广东文化的广府文化、潮汕文化、客家文化为主，构成了岭南文化的主体。

岭南建筑

岭南文化为原生性文化，是悠久灿烂的中华文化的重要组成部分。岭南文化因其独特的地理环境和历史条件，在其发展过程中以农业文化和海洋文化为源头，不断吸取和融汇中原文化和海外文化，逐渐形成务实、开放、兼容、创新等独有的特点。

历史上，岭南文化在汉民族的形成和发展，在维护国家统一、民族团结等多方面，都做出了重要的贡献，在中华民族文化的发展史上居于重要地位，起着重要作用。近代，岭南得风气之先，成为中西文化交流的桥梁，多种文化思潮在此产生，成为中国政治、思想、文化革命的先导和中国民族革命的策源地，孕育出以康有为、孙中山等为代表的近代中国的一代先进人物。这段时期，岭南文化精神实质是战斗、革命、革新精神，对近代中国产生了巨大的影响。改革开放以来，岭南文化以其独有的特点，在中华大文化中独树一帜，对岭南地区乃至全国的经济、社会发展起着积极的推动作用，是中华民族灿烂文化中最具特色和活力的地域文化之一。

7. 闽台文化

闽台文化是一种区域文化。它是以闽方言为主要载体、由闽台两地人民共同创造的文化。它是闽台人民在语言文字、民间信仰、戏剧音乐、经济结构等方面具有的共同的文化特质，具有鲜明的地域文化特色，同时也是中国传统文化不可缺少的重要组成部分。

闽台之间文化联系源远流长，原始社会闽台两地的人民就开始联系。清代乾嘉年间最后形成了有特色的区域文化体系。这一时期，清政府统一台湾，闽人大批入台，闽台经济逐步一体化。闽台文化在融合中吸收了中原文化精髓，是中原文化的延伸。特殊的地理环境和历史条件，内陆文化和海洋文化，又在这里有机地结合为一体，形成了富有地域特色的文化。

闽台文化联系古今，不断地吸收其他文化的长处，在承袭了传统的基础上，又在不断演进中发展、变迁。闽台文化在漫长的交融过程中，形成了很多共同文化特征，又有不少差异性，表现出自己地域文化的独特性。闽台文化的独特性，表现在特别富有开拓进取和兼容并包的精神，这种精神使得闽台文化朝气蓬勃。闽台文化所形成的刚健有为、自强不息、重节气操守、开放意识较强的地域文化，成为中华灿烂文化的一个重要组成部分。

七　华夏发明

1. 制图六体

制图六体，是西晋制图学家裴秀（224—271）在总结前人制图经验的基础上提出的绘制地图的六条原则。制图六体是中国古代历史上第一次明确建立的地图制图学理论，是当时世界上最科学、最完善的制图理论，它使中国的地图绘制从此进入了一个全新的发展阶段。

裴秀在其《禹贡地域图》序中明确地提出六条制图原则，即"制图六体"。他认为，制图六体是相互联系的，在地图制作中极为重要。地图如果只有图形而没有分率，就无法进行实地和图上距离的比较和量测；如果按比例尺绘图，不考虑准望，那么在这一处的地图精度还可以，在其他地方就会有偏差；有了方位而无距离，就不知图上各居民地之间的远近，就如山海阻隔不能相通；有了距离而不测高下，不知山的坡度大小，则径路之数必与远近之实相违，地图同样精度不高，不能应用。这六条原则的综合运用正确地解决了地图比例尺、方位、距离及其改化问题，阐明了地图比例尺、方位和距离的关系，对中国西晋以后的地图制作技术产生了深远的影响，成为中国明代以前地图制图学理论的基础。

直至今天，绘制地图应考虑的主要问题除经纬线和投影外，裴秀的"制图六体"理论几乎都提到了。因此，他被人称为"中国科学制图学之父"。裴秀提出的制图六体原则，在中国和世界地图制图学史上有着重要地位。

2. 世界上最早的子午线实测

世界上第一次对子午线长度进行实测，是在我国唐代杰出的天文家僧一行主持下于开元十二年（724年）进行的大地测量。这是僧一行在天文学上最重要的贡献。

从开元十二年（724年）起，僧一行组织人力在全国范围内大规模测量日影，这实际上就是对地球子午线进行测定。他在全国选择了12个观测点，并派人实地观测，自己则在长安总体统筹指挥。其中负责在河南进行观测的南宫说等人所测得的数据最科学和有意义。他们选择了经度相同、地势高低相似的四个地方进行设点观测，分别测量了当地的北极星高度，冬至、夏至和春分、秋分四时日影的长度，以及四地间的距离。最后经僧一行统一计算，得出了北极高度差一度，南北两地相距351里80步（即现在的129.2公里）的结论。虽然这与今天地球子午线1度对地表弧长111.2公里的测量值相比有较大误差，但这是世界上第一次用科学方法进行的子午线实测，比世界上著名的阿拉伯天文学家阿尔·花剌子模等人在幼发拉底河地区的科学测量（他们的结果是：子午线1度长111.815公里）早90年。僧一行第一次实测子午线，为唐代科学技术的发展做出了杰出的贡献，在科学发展史上具有划时代的意义。英国科技史专家李约瑟高度赞誉僧一行组织的子午线长度测量是"科学史上划时代的创举"。

3. 四大发明

四大发明指中国古代对世界具有很大影响的指南针、造纸术、火药及印刷术四种发明，是关于中国科学技术史的一种观点。四大发明是中国古代劳动人民的重要创造，对中国古代的政治、经济、文化的发展产生了巨大的推动作用。后来，四大发明通过种种渠道传到西方社会，对世界文明发展史也产生了巨大的影响。

指南针

指南针的前身为司南,是一种用以判别方位的简单仪器,常用于航海、大地测量、旅行及军事等方面。世界上公认发明指南针的国家是中国。我国古代劳动人民在长期的实践活动中加深了对物体磁性的认识,发明了指南针。战国时,人们用天然磁石指示南北的特性,制作出世界上最早的指南仪器——"司南"。北宋时期,人们通过用人工磁化铁针的方法,制成指南针,并开始应用于航海。南宋时,指南针开始普遍应用于航海并远传到阿拉伯地区。13世纪初指南针传入欧洲。指南针在航海上的应用,为欧洲航海家探索新航路活动提供了重要条件,促进了以后哥伦布发现美洲新大陆的航行和麦哲伦的环球航行。这大大加速了世界经济发展的进程。

司南图

造纸术

早在西汉初年,我国劳动人民就发明了造纸术,但并没有大规模使用。20世纪在中国各地出土了一些西汉时期的古纸片,就可以证明这一点。例如,1986年,甘肃天水放马滩出土了迄今所知最早的纸,这些纸来自汉景帝时期,可见时间之早。105年,东汉蔡伦在总结前人经验的基础上,扩大了造纸原料的范围,改进了造纸术,造纸技术得到很大的提高。至此,造纸开始大规模展开。造纸术为人类提供了经济、便利的书写材料,是书写材料的一次变革,掀起一场人类文字载体革命。造纸术于7世纪东传朝鲜、日本,8世纪传到阿拉伯地区,12世纪欧洲学习中国的方法设厂造纸。

造纸工艺流程图

火药

隋唐时期，中国古代炼丹家发明了火药。唐末出现了火炮、火箭，并运用于军事。南宋时发明了"突火枪"，火器普遍用于战争。13世纪传入阿拉伯和欧洲。火药武器的发明和使用，改变了中世纪的作战方式，是军事上划时代的一件大事。

印刷术

中国唐代时发明了雕版印刷。868年印制的《金刚经》，是世界上现存最早的标有确切日期的雕版印刷品。宋仁宗庆历年间，北宋平民毕昇发明了活字印刷术，比欧洲活字印刷发明早四百多年。印刷术东传朝鲜、日本，西传埃及、欧洲。印刷术的发明是印刷史上的一次伟大革命，为中国文化经济的发展开辟了广阔的道路，促进了人类文化的传播和保存，推动了世界文明的发展。

4. 六大古都

中国在漫长的五千年历史进程中，朝代更替，厚重的历史文化为中国留下了著名的六座历史都城，六大古都分别为北京、洛阳、南京、开封、西安、杭州。

北京是闻名世界的历史古城。从1128年起，金、元、明、清四朝在此建都。这里留下了光辉灿烂的文化和众多的名胜古迹，著名的文物古迹主要有故宫、北海、天坛、颐和园、八达岭、十三陵等。

北京故宫图

洛阳凭借其得天独厚的地理位置，在历史的发展中逐渐成为中国历史名城、中国六大古都之一，历史上历代帝王定都都将此作为首选之地，九个朝代先后在此定都，所以又有"九朝古都"之称。著名的文化古迹有汉魏洛阳城遗址、白马寺、龙门石窟等。

龙门石窟图

南京，古称金陵、建康等，历史悠久、文化灿烂、风姿雄奇、风光绮丽，在中国历史上具有特殊地位和价值。南京近500年的建都史，为其留下了厚重的文化底蕴和璀璨的民族文化遗产，素有"六朝古都""十朝都会"之称。著名的历史文化古迹有明故宫、夫子庙、灵谷塔、中山陵等。

开封，古称汴州、东京、汴京等，历史悠久，源远流长，迄今已有4100余年的建城史和建都史，素有"八朝古都"之称。历史上的夏朝，战国时期的魏国，五代时期的后梁、后晋、后汉、后周，宋朝，金朝等都定都于此。其中宋朝定都开封（时称东京）长达168年之久，使开封成为全国政治、经济、文化和军事中心，开启了开封历史上的鼎盛时代。这一时期开封孕育了上承汉唐、下启明清且影响深远的"宋文化"，如清明上河图的创作地就是开封。宋朝都城东京城（现开封）是当时世界上第一大城市。开封名胜古迹众多，现在开封著名的历史文化古迹有大雄宝殿、相国寺、仓颉墓、岳飞庙、铁塔、龙亭、禹王台等。

西安，古称长安，是中国和世界历史文化名城。西安是中华文明和中华民族重要发祥地之一，历史上先后有十多个王朝在此建都，是中国历史上建都朝代最多、时间最长、影响力最大的都城之一。自前1027年开始，先后有西周、西汉、西晋、隋、唐等十多个王朝在此建都，历时一千多年。西安市及其周围地区有大量珍贵的文物古迹，其中著名的有秦始皇兵马俑、大明宫遗址、大雁塔、钟楼等。

秦始皇兵马俑

杭州古称临安、钱塘等，我国六大古都之一。五代吴越国和南宋王朝两代建都于此。五代十国时期，吴越国建都杭州，杭州时称西府或西都。吴越时期，在劳动人民的辛勤开拓下，杭州发展成为全国经济文化繁荣之地。南宋时杭州发展达到鼎盛时期。南宋建炎三年（1129年），杭州设置为行宫，升格为临安府，治所在钱塘。绍兴八年（1138年），南宋正式定都临安，历时140余年。杭州历来以风景秀丽著称于世，素有"上有天堂、下有苏杭"之称。元朝时意大利著名旅行家马可·波罗赞其为"世界上最美丽华贵之城"。现在杭州著名的历史文化古迹有西湖、雷峰塔、灵隐寺、六和塔等。

5. 古代计时工具日晷

日晷指的是古时人们利用太阳投射的影子来测定时刻的计时仪器，又称"日规"。它的使用原理是利用太阳的投影方向来测定并划分时刻。日晷通常由晷针（表）和晷面（带刻度的表座）组成。人类利用日晷来测定时刻，是天文计时领域的一项重大发明，这项发明人类使用长达几千年之久。

日晷通常由铜制的指针和石制的圆盘组成。铜制的指针叫作"晷针"，垂直地穿过圆盘中心，起着圭表中立竿的作用，因此，晷针又叫"表"；石制的圆盘叫作"晷面"，安放在石台上，呈南高北低，使晷面平行于天赤道面。这样，晷针的上端正好指向北天极，下端正好指向南天极。

晷面两面都有刻度，分子、丑、寅、卯、辰、巳、午、未、申、酉、戌、亥十二时辰，每个时辰又等分为"时初""时正"，这正是一日24小时。绝大部分的日晷显示的都是视太阳时。有些在设计上做了变更，可以显示标准时或是日光节约时间。

人类使用日晷的时间非常久远，

日晷

中国早在3000年前的周朝就开始使用日晷。日晷不但能显示一天之内的时刻，还能显示节气和月份。日晷体积笨重，看不到阳光的时候（如阴天和晚上）就不能正常使用，这也是日晷不可回避的缺点。在历史上，它长时间为人类提供计时服务的功能却是不可磨灭的。

日晷发明之后，中国一直使用到清代。中国在1601年明代万历皇帝时得到二架外国的自鸣钟，但只在宫廷使用。清代时进口和自制钟表较多，但也大多为王公贵族所用，一般平民百姓还是看天晓时。

6. 地震仪（候风地动仪）

地震仪又称"候风地动仪"，是一种监视地震的发生、记录地震相关参数的仪器。候风地动仪由我国东汉科学家张衡于132年发明制成，是世界上第一架测验地震的仪器。东汉时期，张衡对发生较频繁的地震深有体会。为掌握全国地震动态，他经过长年研究，发明了候风地动仪。据史书记载，当时利用这架地动仪成功地测报了我国西部地区发生的一次地震，引起全国的重视。它比欧洲1880年制成的近代地震仪早了1700多年。

《后汉书·张衡列传》详细记载了张衡的这一发明。候风地动仪是用精铜铸造而成，其外形像个大酒杯。内部中央有根粗大的铜柱，铜柱的周围伸出八条滑道，还装置着枢纽，用来拨动机件。外面有八条龙，龙口各含一枚铜丸，龙头下面各有一个蛤蟆，张着嘴巴，准备接住龙口吐出的铜丸。如果发生地震，仪器外面的龙就震动起来，机关发动，龙口吐出铜丸，下面的蛤蟆就把它接住。铜丸震击的声音清脆响亮，守候地动仪的人便能知道发生地震的信息。经过134年的甘肃西南部的地震检验，完全

候风地动仪

证实了它检测地震的准确性。

由于年代久远，张衡发明的地动仪已失传，没有留下实物与图样，只留下一百多字的文字记载。我们看到的地动仪都是后人根据史料《后汉书·张衡列传》复制的。现在中国历史博物馆陈列的张衡地动仪模型，是根据王振铎的设计复原而成的。

张衡发明的地动仪开创了人类使用科学仪器测报地震的历史。在科学技术还很落后的2世纪初能做到这一点，是极其难能可贵的。对此，中外科学家长期以来一直给予极高的评价。

7. 珠算

东汉代徐岳所撰的《数术记遗》中记载有："珠算，控带四时，经纬三才"，这是"珠算"一词的最早出处。可见，东汉已经出现算盘。中国珠算是以算盘为工具进行数字计算的一种方法。它是由我国东汉杰出的数学家和天文学家刘洪（约129—210）发明的，刘洪也因发明珠算被后世尊称为"珠算之父""算圣"。珠算距今已经有1800多年的历史。

北宋张择端《清明上河图》图上见到一把算盘，可见北宋已经开始使用珠算盘。明朝时期，商品经济进一步繁荣，发达的商业推动珠算得到普遍的发展与推广。

中国珠算在明朝以来非常盛行，先后流传到日本、朝鲜、东南亚各国，后在美洲也逐渐流行开来。

算盘

2013年12月4日，在阿塞拜疆首都巴库巴举行的联合国教科文组织保护非物质文化遗产政府间委员会第八次会议通过决议，正式将中国珠算项目列入教科文组织人类非物质文化遗产名录。此前联合国教科文组织介绍中国珠算称其存在1 800余年,为"最古老的计算机",是中国古代重要发明。中国珠算申遗的成功,将有助于更多的国人认识、了解珠算,增强民族自豪感,吸引更多的人加入到弘扬与保护珠算文化的行列中来。

珠算作为非物质文化遗产,它不仅是一种极简便的计算方法,而且具有独特的教育职能,可以培养孩子的专注力,所以至今仍盛行不衰。

珠算在我国古代人们日常生活中经常被使用,它也被赞誉为中国的第五大发明,足见其地位之高。